Fabian Brand

Werktagsgottesdienste
im Advent

Einführungen – Predigtimpulse – Fürbitten – Meditationen

Schwabenverlag

VERLAGSGRUPPE PATMOS

PATMOS
ESCHBACH
GRÜNEWALD
THORBECKE
SCHWABEN
VER SACRUM

Die Verlagsgruppe
mit Sinn für das Leben

Die Verlagsgruppe Patmos ist sich ihrer Verantwortung gegenüber unserer Umwelt bewusst. Wir folgen dem Prinzip der Nachhaltigkeit und streben den Einklang von wirtschaftlicher Entwicklung, sozialer Sicherheit und Erhaltung unserer natürlichen Lebensgrundlagen an. Näheres zur Nachhaltigkeitsstrategie der Verlagsgruppe Patmos auf unserer Website www.verlagsgruppe-patmos.de/nachhaltig-gut-leben

Verlagsgruppe Patmos in der Schwabenverlag AG, Ostfildern
www.schwabenverlag-online.de

Umschlaggestaltung: Finken & Bumiller
Umschlagabbildung: © hala al asadi / unsplash.com
Layout und Satz: Schwabenverlag AG, Ostfildern
Druck: CPI books GmbH, Leck
Hergestellt in Deutschland
ISBN 978-3-7966-1836-9

Inhalt

II. Fest- und Gedenktage in der Adventszeit Besondere Anlässe

Vorwort

Liebe Leserinnen und Leser,

den Advent nennt man häufig eine »stille Zeit«. Still deshalb, weil man sich in aller Ruhe auf das Weihnachtsfest vorbereiten möchte. Aber meist fällt diese Zeit dann doch ganz anders aus: Gerade in der pastoralen Arbeit ist der Advent eher eine ganz schön gefüllte Zeit, in der auch manches auf der Strecke bleibt.

Um den Bereich der Gottesdienstgestaltung zu erleichtern, bietet das vorliegende Buch eine kleine Hilfestellung an. Es enthält Texte für alle Werktage des Advents. Diese können nicht nur in der Eucharistiefeier, sondern auch in Wort-Gottes-Feiern oder anderen liturgischen Formaten zum Einsatz kommen. Mitunter eignen sie sich auch für kurze Andachten, zum Beispiel im Rahmen von vorweihnachtlichen Feiern.

Die Texte orientieren sich an den jeweiligen Schriftlesungen des entsprechenden Tages. Die einzelnen Impulse sind so gestaltet, dass sie sowohl von Hauptamtlichen als auch von Ehrenamtlichen relativ leicht und ohne großes Umformulieren eingesetzt werden können.

Die vorliegenden Werktagsgottesdienste können dabei in jedem Lesejahr zum Einsatz kommen. Die Einführungen, Predigtimpulse, Fürbitten und Meditationen sind so gestaltet, dass sie für jeden verständlich sind; sie können helfen, die Bedeutung der Adventszeit als Vorbereitung auf das Kommen Jesu Christi zu vertiefen.

Ich wünsche Ihnen viel Freude beim Lesen und Gestalten der Gottesdienste sowie eine besinnliche und stille Adventszeit,

Ihr Dr. Fabian Brand

I.
Die Wochentage der Adventszeit

Montag der 1. Adventswoche

Lesung: Jes 2,1–5; Evangelium: Mt 8,5–11

Zur Eröffnung: GL 223, 1
(Wir sagen euch an den lieben Advent)

Einführung

Für die österliche Bußzeit ist es ganz normal, dass wir uns etwas vornehmen: Man kann auf bestimmte Speisen verzichten, weniger fernsehen oder Geld spenden. Im Advent sind solche Vorsätze leider nicht verbreitet. Dabei ist es doch gerade jetzt wichtig, diese Zeit nicht ungenutzt zu lassen. So schnell verrinnen die Wochen bis Weihnachten. Der Advent ist nur kurz, und umso schneller müssen wir uns vorbereiten, müssen wir bereit sein für die Ankunft Gottes in unserer Welt. Beten wir in dieser Feier um Gottes Hilfe, dass wir voll Zuversicht und Freude das Kommen seines Sohnes erwarten.

Kyrie-Rufe

Herr Jesus Christus,
du kommst und machst die Menschen gesund.
Du sprichst nur ein Wort zu uns und wir werden heil.
Du kommst uns entgegen und heißt uns willkommen.

Impuls für eine kurze Predigt

Immer wieder hören wir in diesen adventlichen Tagen die Lesungen aus den Prophetenbüchern des Alten Testaments. Und immer neu begegnet uns dort eine Formel: »am Ende der Tage«. Oder: »in jenen Tagen«.

Die Propheten schauen in die Zukunft. Sie verkünden dem Volk Israel das, was sich einmal ereignen wird. Irgendwann, in einer Zeit, um die niemand weiß. Keiner kennt den Zeitpunkt, wann all das eintreffen und geschehen wird. Aber die Propheten wissen, was sich dann ereignen wird. Sie können uns sagen, was sein wird, wenn Gott in diese Welt kommt. Davon hören wir in diesen adventlichen Tagen immer wieder.

Das Bild, das uns der Prophet Jesaja zum Beginn dieser Adventszeit präsentiert, ist die Völkerwallfahrt zum Zion. Alle Völker kommen, um Gott anzubeten. Sie suchen seine Nähe. Und sie haben dabei nichts Böses mehr im Sinn: Sie brauchen keine Schwerter mehr, denn sie müssen keine Kriege mehr führen. Wer seine Wege »im Licht des Herrn« geht, der kann und muss seinem Nächsten kein Leid mehr antun. Warum auch? Wer Gott nahe ist, hat alles, was er braucht. Der muss nicht neidisch zum Nachbarn schielen oder seinen Freunden misstrauen. Hier gilt, was der Beter in Psalm 73 ausdrückt: »Gott nahe zu sein, ist gut für mich« (Vers 28).

Was fangen wir heute mit diesen uralten Worten von einer fernen Zukunft an? Was tun wir in diesen Adventstagen mit den Texten der Propheten, die uns die Liturgie zumutet? Vielleicht können sie ein Ansporn sein, diese unbestimmten Zeitpunkte zu füllen. Vielleicht können wir sie als Anregung nehmen, dass aus »jenen Tagen« ein »heute«

wird. Dass wir sagen können: Heute schon haben sich die Worte der Propheten erfüllt. Heute schon leben wir in jener Zeit, von der uns Jesaja und die anderen Propheten in diesen Wochen wieder erzählen. Sie lenken unseren Blick nicht mehr in eine unbestimmte Zukunft, sondern auf das Hier und Heute. Auf unser konkretes Leben in dieser unserer Welt.

Fürbitten

Der Hauptmann von Kafarnaum kommt zu Jesus und bittet ihn, seinen Diener gesund zu machen. Auch wir stehen vor Christus und rufen zu ihm in den Anliegen unserer Zeit: Herr, rette uns.

- Wir beten für alle, die in der Kirche tätig sind und sich in der Verkündigung des Evangeliums engagieren.
- Wir beten für alle, die in dieser Adventszeit gehetzt und gestresst sind und denen die Zeit für Ruhe fehlt.
- Wir beten für alle, die krank sind an Leib und Seele und sich nach Gesundheit sehnen.
- Wir beten in unseren persönlichen Anliegen.
- Wir beten für alle unsere Verstorbenen.

Denn auf dich vertrauen wir, Herr Jesus, dein Kommen in unsere Welt erwarten wir in diesen Tagen. Denn du bist unser Friede und unser Leben in Ewigkeit.

Meditation

Der Messias, den die Propheten verheißen,
ist der Heilbringer für die ganze Welt.
Von überall her werden die Völker
zum Haus Gottes strömen.
Im Leben Jesu erfüllt sich diese Verheißung:
Grenzen und Unterschiede lässt er nicht gelten.
Was zwischen den Menschen steht, hebt er auf.
Jesus ist der Retter für alle Menschen.
Wer an ihn glaubt und sich zu ihm bekennt,
findet Heil und Heilung.

Dienstag der 1. Adventswoche

Lesung: Jes 11,1–10; Evangelium: Lk 10,21–24

Zur Eröffnung: GL 481, 1.4.6 (Sonne der Gerechtigkeit)

Einführung

Der Advent ist die Zeit des Friedens, der Solidarität und Nächstenliebe. Das zeigen uns die vielen Hilfsaktionen, die in diesen Tagen wieder um Spenden bitten. Das »Fest des Friedens«, das wir in wenigen Wochen feiern, lenkt unseren Blick von uns selbst weg hin zu unseren Nächsten. Wenn wir unseren Mitmenschen, die in Not sind, helfen, dann erfüllt sich schon etwas von dem, was wir in diesen adventlichen Tagen erwarten. »Die Gerechtigkeit blühe auf in seinen Tagen und großer Friede«, heißt es im heutigen Antwortpsalm. Gerechtigkeit und Friede bilden die Grundpfeiler des Gottesreiches. Jetzt schon kann es anbrechen, wenn wir miteinander gerecht und friedvoll umgehen, wenn wir Versöhnung üben und barmherzig sind.

Kyrie-Rufe

Herr Jesus Christus, du bist Gerechtigkeit und Liebe.
Herr Christus, du bist der Friedensstifter.
Herr Jesus Christus, du rettest die, die um Hilfe schreien.

Impuls für eine kurze Predigt

Wie müssen wir es uns vorstellen, wenn Gott in unsere Welt kommt? Welche Ereignisse werden eintreten, wenn seine Ankunft bevorsteht? Weil Gott groß und mächtig ist, könnte man vermuten, Gott kommt mit Donnerhall und gleißenden Blitzen in diese Welt. Er kommt und die ganze Erde ist im wahrsten Sinne des Wortes von seiner Gegenwart erschüttert. Er kommt und alle Zeitungen berichten darüber, das Fernsehen ist live zugeschaltet. Er kommt und alle Augen sind auf ihn gerichtet.

Doch ganz anders klingt das, was uns der Prophet Jesaja ans Herz legt: »Aus dem Baumstumpf Isais wächst ein Reis hervor, ein junger Trieb aus seinen Wurzeln bringt Frucht.« Diese Worte sind weit entfernt von einem Ereignis, das Angst einflößt und Zuschauerzahlen nach oben treibt. Wer schon einmal die jungen Triebe an einem Baum beobachtet hat, weiß, wie klein, empfindlich und zerbrechlich sie sind. Schon eine Frostnacht und sie sind dahin; ganz leicht kann man sie mit der Hand abknicken. Sie sind wehrlos.

So, sagt Jesaja, müssen wir uns das Kommen Gottes vorstellen. Er kommt unscheinbar und so, dass man es kaum merkt. Bei den Kleinsten der Kleinen kann man seine Nähe entdecken.

Darüber hören wir auch im heutigen Evangelium: »Ich preise dich, Vater, Herr des Himmels und der Erde, weil du das vor den Weisen und Klugen verborgen und es den Unmündigen offenbart hast« (Lk 10,21). Gott kommt in diese Welt, er ist in seinem Sohn Jesus Christus schon mitten in ihr gegenwärtig. Aber wer das verstehen will, der muss sich schon auf das Kleine einlassen. Der muss den Mut haben, seine Nähe dort zu suchen, wo niemand sie vermutet. Denn

Gott kommt nicht mit Blitz und Donner. Er kommt mit dem Weinen eines Neugeborenen. Er offenbart sich den Unmündigen und Kindern, denen, die offen sind für seine überraschende Gegenwart. Gehen wir so durch diese Adventszeit: Mit offenen Augen für die unscheinbaren Dinge, die uns auf die Ankunft Gottes in unserer Welt hinweisen.

Fürbitten

Christus preist die Menschen selig, die ihn sehen und auf seine Worte hören. Im Vertrauen darauf, dass er auch heute in unserer Mitte ist, lasst uns beten:

- Für alle Christen, die das Wort Gottes hören und sich immer wieder in seine Nähe rufen lassen.
- Für alle christlichen Kirchen und alle, die sich in der Ökumene um Verständigung einsetzen.
- Für alle unsere Jugendlichen, die auf der Suche nach ihrem persönlichen Lebensweg sind.
- Für alle Völker der Erde, die sich nach Frieden, Gerechtigkeit und gegenseitiger Anerkennung sehnen.
- Für alle unsere Toten, um die wir trauern und weinen.

Herr, unser Gott, du rufst uns, damit wir in dir den Vater erkennen, der dich in unsere Welt gesandt hat. Dich loben und preisen wir, heute und in alle Ewigkeit.

Meditation

Das Volk Israel ist bedrängt,
es erlebt eine Notsituation,
die an die Wurzeln geht.
Doch Jesaja verkündet:
Ein Retter wird kommen,
ein Sohn wird Friedensbringer sein. –
»Man tut nichts Böses mehr
und begeht kein Verbrechen,
denn das Land ist erfüllt
von der Erkenntnis des Herrn.«
Damit sind *wir* gemeint,
das ist unser Auftrag heute:
Friedensbringer zu sein
in unserer so unfriedlichen Welt.

Mittwoch der 1. Adventswoche

Lesung: Jes 25,6–10a; Evangelium: Mt 15,29–37

Zur Eröffnung: GL 551
(Nun singt ein neues Lied dem Herren)

Einführung

»Der Herr wird kommen und nicht zögern«: Dieser Vers aus dem kleinen Prophetenbuch Habakuk steht über dem heutigen Gottesdienst. Er klingt doch höchst eigenartig. Der Prophet Habakuk trat wohl um 600 vor Christus in Jerusalem auf. Über 2600 Jahre sind diese Verse also schon alt. Wie seltsam hört es sich an, wenn es heißt: »er wird nicht zögern«. Immer noch sind wir Wartende. Wir leben im Advent, in der Erwartung seiner Ankunft in unserer Welt. Aber wird er überhaupt noch kommen? Wird er unsere Welt überhaupt noch erlösen? Lassen wir uns in dieser Feier von der Gegenwart Gottes stärken. Damit wir mutig bleiben in der Hoffnung und treu ausharren auf seine Ankunft in unserer Welt.

Kyrie-Rufe

Herr Jesus Christus, du stillst unser Verlangen.
Du bist der gute Hirte, der uns auf seine Weide führt.
Du bist bei uns auch in den finstersten Schluchten.

Impuls für eine kurze Predigt

Wissen Sie schon, was an Weihnachten bei Ihnen auf den Tisch kommt? Freilich, die Feiertage sind noch in weiter Ferne. Aber gerade beim Essen gibt es bestimmte Traditionen, die Jahr um Jahr wiederkehren. So darf zum Beispiel die Gans am Weihnachtstag nicht fehlen. Und in vielen Haushalten gibt es am Heiligabend die berühmten Würstchen mit Kartoffelsalat. Eine typische Fastenspeise eben, denn der Heiligabend zählt ja noch zur Adventszeit, die früher mit einem strengen Fasten verbunden war.

Es wird reichlich aufgetischt: Nicht nur an den Weihnachtstagen, sondern auch, wenn Gott in unsere Welt kommt. Das Bild des großen Festmahls legt uns der Prophet Jesaja in der heutigen Lesung ans Herz. Feinste Speisen und erlesene Weine werden serviert, wenn Gott in unsere Welt kommt. Das ist eine Vorstellung, die so konkret ist, dass wir etwas mit ihr anfangen können: Gott ist nicht knauserig und berechnend, wenn er in die Welt kommt. Er schenkt uns im Überfluss, er lässt uns sattwerden – so viel, dass sogar noch reichlich übrig bleibt.

Es ist die Erzählung von der wunderbaren Brotvermehrung, die das Bild des Propheten Jesaja aufgreift: Alle Menschen werden satt. Und zwar so satt, dass nicht nur der erste Hunger gestillt ist, sondern dass man sich den Bauch vollschlagen kann. So voll, dass anschließend noch einmal eine ganze Menschenmenge zu Tisch sitzen könnte. Gott schenkt reichlich und im Überfluss: Das ist die Botschaft, die in diesen beiden biblischen Texten steckt!

»Denn bei dir ist die Quelle des Lebens, in deinem Licht schauen wir das Licht«, heißt es im 36. Psalm. Bei Gott finden wir das Leben, weil er selbst das Leben ist. Wie solches

Leben aussieht, davon lassen uns die beiden Texte der heutigen Liturgie etwas erahnen: Solches Leben ist wie ein reichhaltiges Festmahl, bei dem alle essen und trinken können, so viel sie wollen. Und am Ende, da reicht es nicht nur, dass alle satt werden. Am Ende bleibt sogar noch übrig. Leben im Überfluss: Das dürfen wir von jenem Gott erwarten, auf dessen Ankunft in dieser Welt wir uns in diesen adventlichen Tagen wieder vorbereiten.

Fürbitten

Jesus hat mit den Menschen Mitleid. Er weiß um ihre Not, er kennt ihre Sorgen um das Leben. Zu ihm, dem Heiland der Welt, rufen wir:

- Für die Frauen und Männer, die sich in den Dienst am Evangelium stellen und die Frohe Botschaft verkünden.
- Für alle Verantwortlichen in Politik und Gesellschaft, die sich um ein friedvolles Miteinander bemühen.
- Für alle, die sich in diesen adventlichen Tagen auf das Weihnachtsfest vorbereiten und Gottes Kommen in unsere Welt erwarten.
- Für alle, die auf den Namen des dreifaltigen Gottes getauft sind und nicht mehr um ihre Berufung wissen.
- Für alle Kranken, die sich nach Heil und Heilung sehnen und die hoffen, endlich wieder gesund zu werden.

Christus, du bist unser Herr und Gott. Du stehst über Zeit und Ewigkeit. Dir danken wir, heute und an allen Tagen unseres Lebens.

Meditation

Jesaja verheißt für die Endzeit ein großes Festmahl.
In jeder Eucharistiefeier sind wir
zum Tisch des Herrn geladen.
In den Gestalten von Brot und Wein schenkt er sich selbst,
damit wir das Leben in ihm finden.
Die Tage der Verheißung sind schon angebrochen.
Das Festmahl ist schon angerichtet.
Und Jesus ist der Gastgeber,
der uns um sich versammelt,
damit wir durch ihn leben können.

Donnerstag der 1. Adventswoche

Lesung: Jes 26,1–6; Evangelium: Mt 7,21.24–27

Zur Eröffnung: GL 543, 1.5 (Wohl denen, die da wandeln)

Einführung

Uralt sind manche Worte, die wir im Gottesdienst hören. So zum Beispiel die Lesung aus dem Prophetenbuch Jesaja: Um 700 vor Christus sind die Texte entstanden, die bis heute in unseren Gottesdiensten vorgelesen werden. Beinahe 3000 Jahre haben diese Worte auf dem Buckel. Und noch immer ist ihre Botschaft aktuell, noch immer haben sie uns etwas zu sagen. Sie laden uns ein, auf jene Zeit zu schauen, in der Gott die neue Welt aufrichtet. Jene Zeit, in der Gott alles in allem sein wird. Auf diese Zeit blicken wir in diesen adventlichen Tagen. Die Worte der Schriftlesungen laden uns ein, uns neu darauf vorzubereiten.

Kyrie-Rufe

Herr Jesus Christus, deine Worte sind Geist und Leben.
Herr Christus, deine Worte bleiben für immer und ewig.
Herr Jesus Christus, wer deine Worte hört, bleibt in Ewigkeit.

Impuls für eine kurze Predigt

»Wer sich auf Gott verlässt, der ist verlassen«: Ein Sprichwort mit einem sehr abfälligen Touch. Aber steckt darin nicht auch ein Funke Wahrheit? Denn wie oft bleibt ja die Hilfe aus, die wir von Gott erwarten! Wie oft spüren wir nicht die Gottferne, obwohl wir so sehnsüchtig nach seiner Nähe verlangen? Oder gerade in dieser Adventszeit: Wir warten auf das Kommen Gottes in unsere Welt. Aber wir warten doch schon seit Tausenden von Jahren, und nichts passiert. Immer noch ist Gott nicht gekommen.

Die biblischen Texte des heutigen Gottesdienstes laden uns ein, eine andere Perspektive einzunehmen: »Verlasst euch stets auf den Herrn; denn der Herr ist ein ewiger Fels«, heißt es in der Lesung aus dem Propheten Jesaja. Und im Evangelium haben wir von jenem Mann gehört, der sein Haus auf den Felsen gebaut hat. Alle herannahenden Wassermassen können diesem Haus nichts anhaben; es hat auf ewig Bestand.

Wer sein Lebenshaus auf Gott baut, kann nicht so leicht erschüttert werden. Wer auf Gott vertraut, ist nicht verlassen. Er hat vielmehr einen tragenden Grund, der dem eigenen Leben ein festes Fundament gibt. Anders gesagt: Die Schriftlesungen des heutigen Tages sind eine Einladung, immer neu darüber nachzudenken, inwieweit unser eigenes Leben noch auf Gott gebaut ist. Es gibt so vieles, was immer wieder auf uns eindrängt, was uns verunsichert und aus der Bahn wirft. Gerade dann ist aber notwendig, sich wieder die Frage zu stellen: Was trägt eigentlich mein Leben? Worauf ist mein Leben aufgebaut? Hänge ich mich an irdische und vergängliche Dinge, die den Lebensstürmen nicht standhalten und einfach wegbrechen? Oder baue ich auf ein Fundament, das wirklich trägt, auch dann, wenn Wassermassen heranfluten, denen das eigene Leben auf den ersten Blick nicht standhalten kann? Lassen wir uns in dieser Adventszeit neu die Worte des Propheten Jesaja zusagen: »Verlasst euch stets auf den Herrn; denn der Herr ist ein ewiger Fels.« Wer in seinem Leben auf ihn setzt, der ist »wie ein kluger Mann, der sein Haus auf Fels baute«.

Fürbitten

Christus lädt uns ein, unser Leben auf ihn zu bauen. Wer seine Hoffnung und Zuversicht auf ihn setzt, braucht sich nicht zu fürchten, auch wenn die Lebensstürme heftig wirbeln. Zu Christus, der unsere Stärke ist, kommen wir und bitten:

- Wir bitten für die Menschen, die eine Lebenskrise spüren und deren Lebensfundament heftig erschüttert wird.
- Wir bitten für die Menschen, die nicht wissen, worauf sie in ihrem Leben aufbauen sollen.
- Wir bitten für die Menschen, die nach Halt und Orientierung Ausschau halten und nach einem Anker in den Stürmen der Zeit suchen.
- Wir bitten für die Menschen, die an den Erwartungshaltungen ihrer Umwelt zu zerbrechen drohen.
- Wir bitten für die Menschen, die gestorben sind und im Leben ihre Hoffnungen auf dich gesetzt haben.

Denn du, Herr Jesus, weißt, was unser Leben ganz und heil macht. Dir vertrauen wir, jetzt und in Ewigkeit.

Meditation

Glaube ist ein Tuwort:
So sagt es uns Jesus am Ende der Bergpredigt.
Gott, der Herr, schenkt uns Menschen immer neu das Heil.
Wir dürfen vertrauen, dass er an unserer Seite ist,
dass er in aller Not zu uns Menschen steht.
Aber diese Gewissheit
muss unser Tun und Handeln bestimmen.
Unsere Mitmenschen sollen erkennen,
dass wir Christen sind:
nicht an unseren Worten und Reden,
sondern an unserem Umgang miteinander
und mit der Schöpfung.

Freitag der 1. Adventswoche

Lesung: Jes 29,17–24; Evangelium: Mt 9,27–31

Zur Eröffnung: GL 485 (O Jesu Christe, wahres Licht)

Einführung

»Seht, der Herr kommt zu uns« – so beginnt der Eröffnungsvers des heutigen Gottesdienstes. In den Schriftlesungen hören wir auch heute wieder vom Kommen Gottes in unsere Welt. Doch wir sollen nicht nur davon hören, wir sollen nicht nur in Texten davon lesen, wir sollen es »sehen«. Dazu braucht es offene Augen, einen Blick, der geschärft ist, die verborgenen Spuren seiner Gegenwart in unserer Welt zu entdecken. Wir dürfen sehen, was Gott in der Mitte seines Volkes vollbracht hat. Wir dürfen das Licht Gottes schauen, das unser Leben erleuchtet. Denn Christus öffnet unsere Augen, er befreit uns von unserer Blindheit, damit wir Gott sehen dürfen, so, wie er ist. Dort, wo unsere Augen noch gehalten sind, wo wir den kommenden Gott noch nicht schauen, dort rufen wir zu Christus, dem Herrn: »Hab Erbarmen mit uns, Sohn Davids!«

Kyrie-Rufe

Herr Jesus Christus, du öffnest den Blinden die Augen.
Du schenkst uns den Glauben an dich, den Sohn Davids.
Du verwandelst uns
in die Gestalt deines verherrlichten Leibes.

Impuls für eine kurze Predigt

Manchmal sieht man den Wald vor lauter Bäumen nicht. Oder, wie es eine alte Redensart ausdrückt: »Warum in die Ferne schweifen, wenn das Gute liegt so nah?« Doch das Problem ist ja nicht das Fernweh, sondern dass man das Gute so oft übersieht, weil es eben zu nah ist. Was direkt um einen herum geschieht und sich abspielt, das nimmt man allzu oft gar nicht mehr wahr. Es wird als selbstverständlich hingenommen.

Umso wichtiger ist es, wieder sehen zu lernen. Die kleinen Gesten, in denen uns Mitmenschen ihre Zuneigung zeigen. Die unscheinbaren Zeichen, die den Frieden in unserem Alltag beginnen lassen. Die Hand, die uns zur Versöhnung gereicht wird. Das Weinen eines kleinen Kindes, das uns zeigt, wie wertvoll und wichtig das Leben ist. Das Strahlen der Sonne und der leuchtende Mond in der Nacht, die uns daran denken lassen, dass Tag und Nacht, dass jeder Tag ein Geschenk ist, das wir empfangen dürfen. Die Blüten der Blumen, das Weiß des Schnees, Früchte und Gemüse, die uns die Schöpfung Jahr um Jahr wieder schenkt.

»Da wurden ihre Augen geöffnet«, heißt es im Evangelium. Christus öffnet den Menschen die Augen, damit sie sehen und erkennen können, was wirklich wichtig ist in diesem Leben. Denn so vieles sehen wir und dabei übersehen wir auch so viel. Weil wir oft nur schnell hinschauen, uns nur einen Augenblick Zeit nehmen, um unsere Welt wirklich wahrzunehmen.

Wer wirklich sehen kann, der hat offene Augen, um Gottes Gegenwart in dieser Welt zu entdecken. »Die Augen der Blinden sehen selbst im Dunkeln und Finstern«, sagt Jesaja. Gemeint ist: Wer bereit ist, Gottes Nähe in seinem Alltag mit offenen Augen zu suchen, kann ihn finden – selbst dort, wo wir ihn nicht vermuten. Wir können Gott auf die Spur kommen selbst in der tiefsten Lebensnacht.

Fürbitten

»Hab Erbarmen«, rufen die Blinden zu Jesus. Und er hört ihre Bitten und öffnet ihnen die Augen. So stehen auch wir vor Christus, dem Sohn Davids, und rufen zu ihm:

- Wir beten für alle, die sich in der Verkündigung des Evangeliums mühen.
- Wir beten für alle, die schwere Schicksalsschläge erlitten haben.
- Wir beten für alle, die sich mit ihren Talenten und Fähigkeiten für das Wohl der Gesellschaft engagieren.
- Wir beten für alle, die sich um das Wohlergehen von Kranken und Leidenden sorgen.
- Wir beten für alle, die Sterbende auf ihrem letzten Weg begleiten.

Herr Jesus Christus, du sprichst auch zu uns: »Wie ihr geglaubt habt, so soll es geschehen.« Im Vertrauen, dass du unsere Bitten hörst und erhörst, loben und preisen wir dich in alle Ewigkeit.

Meditation

Das Volk Israel wird immer neu
mit Notsituationen konfrontiert.
Es steht auf der Kippe, sein Fortbestehen ist ungewiss.
Die Propheten halten das Vertrauen auf Gott wach.
Sie verkünden:
Trotz aller Hoffnungslosigkeit gibt es Hoffnung,
trotz aller Not gibt es Trost,
trotz allen Todes gibt es Leben.
Die Propheten verheißen ein Reich,
das mit Christus schon begonnen hat.
Er hat den Blinden die Augen geöffnet,
er hat die Trauernden getröstet,
er hat die Toten vom Tod auferweckt.
Auch wir dürfen Hoffnung haben –
heute und an allen Tagen unseres Lebens.

Samstag der 1. Adventswoche

Lesung: Jes 30,19–21.23–26; Evangelium: Mt 9,35–10,1.6–8

Zur Eröffnung: GL 275
(Selig, wem Christus auf dem Weg begegnet)

Einführung

Die Schulzeit ist für die meisten von uns schon lange Geschichte. Und so manche Geschichten können Sie aus dieser Zeit wohl erzählen. Dennoch sind und bleiben wir Lernende, jeden Tag aufs Neue. Es gibt immer neue Erfahrungen, die wir im Leben machen. Ein Leben lang bleibt man Schüler. Der Prophet Jesaja, von dem wir heute in der Lesung hören, bezeichnet Gott selbst als Lehrer: »Deine Augen werden deinen Lehrer sehen«, heißt es dort. Gott ist unser Lehrer und wir sind seine Schüler. Jeden Tag können wir neu lernen, wie ein Leben aussieht, das sich an den Geboten Gottes orientiert, das Maß nimmt an jener Liebe, die Gott selbst ist. Er, der »die Leiden seines Volkes heilt und seine Wunden verbindet«, kommt uns entgegen. Darauf bereiten wir uns in diesen adventlichen Tagen vor.

Kyrie-Rufe

Herr Jesus Christus,
du verkündest das Evangelium vom Reich.
Du heilst im Volk alle Krankheiten und Leiden.
Du sendest die Apostel aus, dein Werk fortzuführen.

Impuls für eine kurze Predigt

Die entscheidenden Ereignisse unseres Glaubens ereignen sich in der Nacht: Mitten in der Nacht wird Christus auf den Feldern vor Betlehem geboren und inmitten der Nacht wird er vom Vater von den Toten auferweckt.

Die Nacht ist eigentlich ein Symbol für Lebensfeindlichkeit. Nachts wagt sich keiner aus dem Haus, nachts herrschen Unsicherheit und Gefahren. Die Altvorderen haben die Zeit zwischen Heiligabend und Dreikönig mit besonderer Umsicht begangen: Es war die Zeit der längsten Nächte und der kürzesten Tage. Im Volksglauben waren diese Nächte eng mit einem starken Dämonenglauben verbunden. Das Böse war in diesen Tagen besonders wirksam. Umso wichtiger war es, nachts nicht allein hinauszugehen, sondern sich in rechter Weise vorzubereiten, um den bösen Geistern keine Angriffsmöglichkeit zu bieten.

Mit Christus hat die Nacht ihren Schrecken verloren. Denn Christus zeigt: Keine Nacht ist so finster, dass nicht Gottes Licht viel stärker wäre. Keine Nacht ist so dunkel, dass nicht Gottes Lebensliebe viel größer wäre. Mitten in der unwirtlichen und gefährlichen Nacht kommt das neue Leben in die Welt: als kleines Kind, das in die Krippe gelegt wird; als Auferstandener, der im Licht des Ostermorgens erstrahlt. Das Leben beginnt in der Nacht – zu jener Zeit, die für uns auf den ersten Blick Lebensfeindlichkeit ausstrahlt.

Das Licht des Mondes wird so hell sein wie die Sonne, sagt der Prophet Jesaja. Als Christen wissen wir, dass Jesaja recht behält: Die heilige Christnacht und die Osternacht sind eng mit diesem Bild verbunden. So bekennen wir Christus als wahre »Sonne der Gerechtigkeit«, der in seiner Geburt den Menschen aufgestrahlt ist. Und in der Osternacht brennt die Osterkerze: Sie ist Zeichen für das Licht des Auferstandenen, der alle Finsternis zerreißt und selbst die Todesnacht erhellt. Auf ihn, Christus, der uns befreit, die wir »in Finsternis sitzen und im Schatten des Todes«, bereiten wir uns vor. Er will kommen, um den Mond unserer Lebensnacht so hell zu machen wie die Sonne.

Fürbitten

Jesus hat Mitleid mit den Menschen, denn er kennt ihre Sehnsucht. Weil ihm nichts Menschliches fremd ist, dürfen wir zu ihm kommen mit allem, was unser Herz schwer macht. Zu ihm, dem Herrn der Ernte, rufen wir:

- Für unsere Kirche, die für viele Menschen eine Heimat geworden ist.
- Für alle Frauen und Männer, die heute das nahegekommene Himmelreich in unserer Welt verkünden.
- Für alle Menschen, die müde und erschöpft sind von der Last des Alltags.
- Für alle Menschen, die sich ehrenamtlich engagieren und einbringen.
- Für alle unsere Toten, von denen wir hoffen, dass ihnen das ewige Licht leuchtet.

Herr Jesus Christus, du hast uns das Reich Gottes verkündet. Mit dir ist es schon mitten unter uns angebrochen. Wir loben dich, wir danken dir – heute und in alle Ewigkeit.

Meditation

»Vergib uns unsere Schuld,
wie auch wir vergeben unsern Schuldigern«:
Gott ist größer als alle menschliche Schuld;
er vergibt uns, weil er barmherzig ist.
Gott ist ein Gott des Erbarmens und der Liebe.
Er wartet darauf, dass wir uns zu ihm bekehren,
dass wir vor ihm unser Versagen bekennen.
»Gott wird dir antworten, sobald er dich hört«,
sagt der Prophet Jesaja.
Wir dürfen uns Gott zuwenden,
weil er schon da ist für uns.

Montag der 2. Adventswoche

Lesung: Jes 35,1–10; Evangelium: Lk 5,17–26

Zur Eröffnung: GL 414
(Herr, unser Herr, wie bist du zugegen)

Einführung

Wie bereiten Sie sich in diesen Tagen auf Weihnachten vor? Es gibt viele Möglichkeiten, um diese Adventszeit für die innere Einkehr zu nutzen. Doch so oft bleiben Stille und Besinnlichkeit gerade in dieser besonderen Zeit auf der Strecke. »Nach der stillen Zeit wird es wieder ruhiger«, sagt der Volksmund. Doch es ist so wichtig, dass wir die Tage des Advents nicht ungenutzt lassen, dass wir uns einstellen auf den Gott, der uns sein Kommen zugesagt hat. Dass wir mit offenen Augen nach den Zeichen seiner Gegenwart Ausschau halten. Denn so oft ist er schon in unserer Mitte, auch wenn wir es gar nicht merken. Unscheinbar kommt er zu uns. In seinem Wort und in den Gaben von Brot und Wein schenkt er uns seine Gegenwart in seinem Sohn. Bereiten wir uns vor, dass wir ihn empfangen dürfen, der uns auch heute, in dieser Feier, seine Nähe schenkt.

Kyrie-Rufe

Herr Jesus Christus, die Kraft Gottes drängt dich, die Menschen zu heilen.
Du siehst den Glauben der Menschen und vergibst ihnen ihre Sünden.
Du lädst uns ein, Gott zu loben und ihn zu preisen.

Impuls für eine kurze Predigt

Woran kann man erkennen, dass Gott da ist? Was sind die Zeichen seiner Gegenwart? Die Lesung aus dem Buch Jesaja bietet uns eine ganze Aufzählung an Ereignissen, die eintreffen, wenn Gott in dieser Welt gegenwärtig ist: Alles wird gut sein. Es wird kein Leid mehr geben, keine Krankheit, keine Verzagtheit. Und selbst die Natur ist befreit von aller Lebensfeindlichkeit: Die Steppe wird aufblühen und jubeln.

Wenn wir ganz an den Anfang unserer Bibel schauen, dann sehen wir, dass es so schon einmal war: ganz am Anfang, als Gott die Schöpfung ins Dasein gerufen hat. Gottes Schöpfung ist durch und durch gut, sie ist ein Lebensraum für alles und jeden. Das Leben blüht in dieser Schöpfung auf und es gibt nichts, was der reichen Entfaltung des Lebens entgegenstehen würde.

Doch die Schöpfung ist angeschlagen. Denn schon die ersten Menschen können sich mit diesem Zustand absoluter Gutheit nicht zufriedengeben. Sie streben nach mehr, sie gönnen dem anderen das Leben nicht, das er besitzt. Und so kippt die Schöpfung in ihr Gegenteil: Sie wird zu einem Raum des Todes und der gegenseitigen Missachtung. So erfahren wir diese Schöpfung bis heute in einer gebrochenen Weise: Wir wissen um die Gutheit dieser unserer Welt, aber wir werden auch immer mit dem Gegenteil konfrontiert. Leid, Krankheiten, Katastrophen und dem Tod können wir nicht ausweichen. Sie drängen sich unaufhaltsam in unser Leben.

Woran kann man erkennen, dass Gott da ist? Die einfache Antwort lautet: Man kann es daran erkennen, dass die Schöpfung wieder zu einem Raum wird, in dem sich das Leben entfalten kann. Dass unsere Schöpfung ein Ort ist, an dem es grenzenloses Leben gibt. Von einer solchen Schöpfung haben wir in den Schriftlesungen des heutigen Tages gehört.

Fürbitten

Jesus sieht den Glauben der Menschen und erfüllt ihre Bitten. So kommen auch wir zu Christus mit all dem, was uns auf dem Herzen liegt. Ihn bitten wir:

- Für alle, denen das Wort Gottes anvertraut ist und die den Menschen das Evangelium weitersagen.
- Für alle, die sich der Menschen annehmen, die heimatlos und ohne Obdach sind.
- Für alle, die aufgrund ihres Glaubens oder ihrer Religionszugehörigkeit benachteiligt oder verfolgt werden.
- Für alle, die hungern und dürsten nach Gerechtigkeit, Frieden und Versöhnung.
- Für alle, die gestorben sind im Glauben daran, dass Christus sein österliches Leben mit ihnen teilt.

Herr Jesus Christus, du berufst uns in deine Nachfolge und willst, dass wir dir immer ähnlicher werden. Dir sei Lob und Dank in Ewigkeit.

Meditation

Adventszeit ist Hoffnungszeit.
Jesaja schildert prächtige Bilder dieser Hoffnung:
Die Steppe jubelt und blüht,
die ganze Schöpfung spiegelt die Pracht Gottes wider,
Blinde sehen,
Taube hören,
Stumme können sprechen.
Zeichen dafür,
dass Gott etwas Neues in dieser Welt beginnt.
Die Hoffnung des Jesaja ist unsere Hoffnung:
dass das Alte neu wird,
dass unsere Schöpfung
wieder gut wird.

Dienstag der 2. Adventswoche

Lesung: Jes 40,1–11; Evangelium: Mt 18,12–14

Zur Eröffnung: GL 223, 1.2
(Wir sagen euch an den lieben Advent)

Einführung

»Freut euch, ihr Christen, freuet euch sehr« – so heißt es in einem unserer Adventslieder. Immer wieder ist in dieser Zeit von Freude die Rede. Besonders an den Kindern kann man in diesen Tagen erkennen, wie sehr die Vorbereitung auf das Weihnachtsfest Freude auslöst. Die Kinder warten gespannt; am Adventskalender öffnen sie Tag für Tag ein neues Türchen, sie sind in vorfreudiger Erwartung. Doch uns älteren Menschen kommt diese Freude manchmal abhanden. Advent und Weihnachten sind für viele vor allem mit einem Gefühl verbunden: Stress. Und nicht wenige sind froh, wenn diese heilige Zeit endlich wieder vorbei ist. – »Lass uns voll Freude das Fest der Geburt Christi erwarten«, beten wir im heutigen Tagesgebet. Bitten wir in dieser Feier darum, dass Gott uns Freude schenkt, dass wir voller Zuversicht und Erwartung auf Weihnachten zugehen können. Denn wenn Gott in diese Welt kommt und unser Schicksal teilt – was für ein Gefühl könnte man da verspüren außer unermesslicher Freude?

Kyrie-Rufe

Herr Jesus Christus, du kommst, um uns zu retten.
Herr Christus, du bist der gute Hirte.
Herr Jesus Christus, du hältst Ausschau nach allen, die sich von dir getrennt haben.

Impuls für eine kurze Predigt

Es gibt viele Bilder, mit denen wir Gott beschreiben. Wir wollen ihn, den Unbegreiflichen, zumindest ein bisschen verstehen. Und dazu greifen wir auf Dinge zurück, die uns in unserer Umwelt begegnen. So ist Gott, sagen wir. Er ist wie ein Vater, er ist wie eine liebende Mutter. Immer wieder begegnet uns auch das Bild des Hirten: »Wie ein Hirt führt er seine Herde zur Weide«, haben wir in der Lesung gehört. Und im Evangelium vergleicht Jesus Gott mit einem Hirten, der 99 Schafe zurücklässt, um ein verlorenes Schaf zu suchen.

Gott ist wie ein guter Hirte. Dieses Bild kommt uns heute reichlich fremd vor. Die Zeiten, in denen Hirten regelmäßig anzutreffen waren, sind längst Geschichte. Doch an Weihnachten leben sie wieder auf, die Hirten: In vielen Krippendarstellungen sind sie zu finden. Und in so manchem Krippenspiel werden sie lebendig. Hirten gehören zu Weihnachten dazu, denn sie waren die ersten, denen die frohe Botschaft von der Geburt des Kindes verkündet worden ist.

Gott ist wie ein guter Hirte. Dieses Gottesbild kann uns helfen, einen Aspekt besser zu verstehen: Gott kümmert sich um die Menschen und er sorgt für sie. Freilich ist dieses Bild auch problematisch: Wir Menschen sind ja keine Schafe, die einfach blind einem Hirten hinterherlaufen. Wir haben unseren eigenen Verstand, wir müssen selbstständig verantwortete Entscheidungen treffen. Deswegen ist auch der Vergleich Gottes mit einem Hirten nur ein Bild. Aber was kann uns dieses Bild in der Adventszeit sagen? Vielleicht doch das, was der Prophet Jesaja so treffend auf den Punkt bringt: Gott versammelt uns um sich herum. Er führt uns behutsam in seiner Nähe zusammen. Nicht wir kommen zu ihm, sondern er holt uns zu sich. Darauf dürfen wir in diesem Advent und an allen Tagen unseres Lebens vertrauen.

Fürbitten

Unser himmlischer Vater will nicht, dass wir verlorengehen. Er sorgt sich um unser Leben, er hat ein offenes Ohr für unsere Nöte und Anliegen. Zu Gott, dem Hirten seines Volkes, beten wir:

- Wir beten für alle, die in der Seelsorge tätig sind, und denken besonders an jene, denen der Hirtendienst anvertraut ist.
- Wir beten für alle, die den Blick für das Wesentliche verloren haben.
- Wir beten für alle, die nur für sich selbst sorgen und sich nicht um ihre Mitmenschen kümmern.
- Wir beten für alle, die sich um das Wohlergehen ihres Nächsten sorgen und sich ergreifen lassen von der Not des anderen.
- Wir beten für alle, die gestorben sind und um die wir trauern.

Herr, unser Gott, du bist der Hirte, der für unser Leben sorgt und uns auf seine Weide führt. Schenke uns deine Nähe durch Christus, unseren Herrn.

Meditation

Das Volk Israel ist unterdrückt,
es leidet unter dem Joch,
welches Babylon ihm auferlegt hat.
Auch wir Menschen
haben manches Joch zu tragen,
Manches lastet uns auf den Schultern.
Jesaja will uns mit seinen Worten trösten:
Es wird Befreiung und Heil geben.
So, wie Israel Heil erlangt hat,
so wird es allen Menschen zuteil
durch Christus, unseren Herrn.

Mittwoch der 2. Adventswoche

Lesung: Jes 40,25–31; Evangelium: Mt 11,28–30

Zur Eröffnung: GL 233
(O Herr, wenn du kommst, wird die Welt wieder neu)

Einführung

Wegbereiter sein: Das ist unsere Aufgabe als Christen in dieser Adventszeit. Gott will zu uns kommen, er möchte bei jedem und jeder Einzelnen von uns ankommen. Aber noch steht so vieles zwischen uns und Gott. Noch sind so viele Barrieren, die ihn aufhalten, die bewirken, dass der Weg zwischen ihm und uns verstellt ist.

Wegbereiter sein: In diesen Tagen hören wir wieder von Johannes dem Täufer. Er hat mit seinem Leben und mit seinem aufrichtigen Zeugnis Christus den Weg bereitet. Weil Johannes die Umkehr und die Vergebung der Sünden gepredigt hat, konnten die Menschen sich neu auf das besinnen, was wirklich wichtig ist in ihrem Leben. So konnten sie in Jesus aus Nazaret den erkennen, den Gott in diese Welt gesandt hat, um die Welt zu retten. Werden wir Wegbereiter, damit die Welt ein bisschen bereiter wird für Gottes heilbringende Ankunft in dieser Welt.

Kyrie-Rufe

Herr Jesus Christus, bei dir dürfen wir zur Ruhe kommen.
Du bist gütig und von Herzen demütig.
Du legst uns eine Last auf, die nicht drückt und die leicht ist.

Impuls für eine kurze Predigt

Nicht nur mancher Sportler greift mittlerweile zum Aufputschmittel. Auch viele andere Menschen nehmen im Supermarkt ganz selbstverständlich den Energiedrink aus dem Regal. Wer ausgepowert und kraftlos ist, der braucht etwas, das ihm in Sekundenschnelle neue Energie verleiht. Doch so schön die Werbeversprechen auch sind: Es dauert nur kurze Zeit, und Koffein und andere Stoffe sind im Körper wieder abgebaut. Dann beginnt das Spiel von vorn.

Die Frage, die wir an die heutigen Schrifttexte herantragen können, lautet: Was gibt uns Menschen wirklich Kraft? Die Antwort, die sie uns geben: Es ist Gott, der Lebendige, der uns in Christus nahegekommen ist. Der Prophet Jesaja fasst diese Erkenntnis in ein wunderschönes Bild: »Die aber auf den HERRN hoffen, empfangen neue Kraft, wie Adlern wachsen ihnen Flügel. Sie laufen und werden nicht müde, sie gehen und werden nicht matt.«

Gottes Nähe zu suchen, in seiner Gegenwart zu verweilen, ist besser als es jeder Energiedrink je sein könnte. Bei Gott sein, einfach nur da sein, das schenkt uns Menschen Kraft. Denn Gott möchte uns nicht auspowern oder uns unserer Kraft berauben. Gott will, dass wir leben und dass wir genügend Energie haben, dieses Leben aus dem Glauben zu gestalten. So lädt auch Jesus die Menschen ein, immer neu seine Nähe zu suchen. Er sagt den Menschen: Wenn ihr zu mir kommt, müsst ihr nichts leisten. Vor Gott zählt nicht, was wir auf dem Konto haben oder was wir an Taten vorweisen können. Bei ihm dürfen wir so sein, wie wir sind. Einfach nur da sein – da sein und nichts tun und mit offenem Herzen sein Wort aufnehmen, das er zu uns spricht.

Lassen wir uns in diesen adventlichen Tagen neu auf diese Einladung ein. Suchen wir die Nähe Gottes, damit wir uns von seiner Gegenwart beschenken lassen können. Das gibt uns Kraft, unseren Alltag und unser Leben zu bestehen.

Fürbitten

Jesus lädt uns ein, zu ihm zu kommen, damit wir neue Kraft finden für unser Leben. Ihn wollen wir nun bitten:

- Für alle, die in unserer Kirche Verantwortung tragen und die zum Heil der Menschen in ein Amt bestellt sind.
- Für alle, die in Politik und Wirtschaft wichtige Entscheidungen zu treffen und zu verantworten haben.
- Für alle, die mit ihrem Leben hadern und keine Perspektive für die Zukunft mehr haben.
- Für alle, die krank sind und unter Schmerzen leiden müssen.
- Für alle, die um einen geliebten Menschen trauern.

Die Freude an Gott ist unsere Stärke. Er schenkt uns Hoffnung, Zuversicht und neue Kraft – heute und in Ewigkeit.

Meditation

Voll Hoffnung
sind die Propheten des Alten Bundes.
In Zeiten von Exil und Gefangenschaft
weisen sie das Volk
auf Gottes Größe und Allmacht hin.
Sie schreiben dem Volk ins Herz:
Der Herr wird niemanden im Stich lassen,
der auf ihn seine Hoffnung setzt.
Die Zeiten von Exil und Gefangenschaft
haben ein Ende:
Das gilt damals für Israel
und das gilt für uns heute.

Donnerstag der 2. Adventswoche

Lesung: Jes 41,13–20; Evangelium: Mt 11,7b.11–15

Zur Eröffnung: GL 360, 1.5
(Macht weit die Pforten in der Welt)

Einführung

Haben Sie es sich in diesen adventlichen Tagen schon einmal zuhause gemütlich gemacht? Der Advent wird oftmals auch als »heimelige Zeit« bezeichnet. Es ist so schön romantisch, wenn es draußen bitterkalt ist und man sich in den eigenen vier Wänden am Ofen wärmen kann. Doch eigentlich hat eine solche »heimelige Stimmung« relativ wenig mit dem Advent zu tun. »Rüttle unsere Herzen auf«, heißt es im heutigen Tagesgebet. Advent ist nicht Ruhe, Besinnung und Stille. Advent heißt vielmehr: sich vorzubereiten, dass Gott in diese Welt kommt. Dazu gehört auch eine tiefgründige Auseinandersetzung mit dem eigenen Leben, mit dem eigenen Versagen, mit der eigenen Unzulänglichkeit. Wie wollen wir dastehen, wenn Gott kommt? Wie wollen wir ihm entgegentreten? Jetzt ist die Zeit, dass wir uns diese Fragen neu stellen. Jetzt ist die Zeit, dass wir uns neu darauf besinnen, wie die Welt aussehen soll, in der wir den kommenden Gott empfangen wollen.

Kyrie-Rufe

Herr Jesus Christus, Johannes der Täufer hat auf dich hingewiesen.
Herr Christus, du verkündest uns die Botschaft vom nahen Gottesreich.
Herr Jesus Christus, deine Worte bleiben immer und ewig.

Impuls für eine kurze Predigt

Es gibt Menschen, die sich vor Gott fürchten. Sie haben Angst, er könnte sie bestrafen, er könnte sie in seinem Zorn aufgrund ihrer Vergehen unfair behandeln. Selbstkritisch muss man hier wohl anmerken: Die Kirche hat in den vergangenen Jahrhunderten selbst einiges dazu beigetragen, diese Angst unter den Menschen zu schüren. Man denke nur an die schiefhängende Vorstellung vom Fegfeuer und an das Bemühen, sich mit Ablässen eine Linderung dieser Qualen zu verschaffen.

Biblisch sind solche Vorstellungen jedenfalls nicht. Denn das, was uns der Prophet Jesaja heute entgegenruft, ist doch alles andere als eine Drohbotschaft: »Denn ich bin der HERR, dein Gott, der deine rechte Hand ergreift und der zu dir sagt: Fürchte dich nicht, ich habe dir geholfen.« Fürchte dich nicht: In der Heiligen Nacht werden wir diese Worte wieder hören. Es ist derselbe Aufruf, der vom Engel an die Hirten auf den Feldern vor Betlehem ergeht: Fürchtet euch nicht, habt keine Angst! Wenn Gott in unsere Welt kommt, dann brauchen wir uns nicht zu fürchten. Denn er kommt ja nicht, um zu rächen oder zu bestrafen. Er kommt nicht als unbarmherziger Richter. Gott kommt, um uns an der Hand zu nehmen, um uns zu helfen. Er kommt als kleines, wehrloses Kind.

Immer wieder machen wir Dinge in unserem Leben falsch. Immer wieder versagen wir, auch vor Gott. Und dennoch: Gottes barmherzige Liebe ist größer als unsere Unzulänglichkeit. Nein, Angst vor Gott brauchen wir nicht zu haben. Vielmehr dürfen wir uns tragen lassen von der Freude auf sein Kommen. Zuversichtlich und erhobenen Hauptes können wir nach ihm ausschauen. Weil er unsere Furcht von uns nimmt, weil er uns von unserer Angst vor dem Leben befreit. Dort, wo wir nicht mehr weiterwissen, wo wir uns ängstlich verkriechen, dort nimmt er uns an der Hand, dort führt er uns. Darauf dürfen wir vertrauen, heute und in Ewigkeit.

Fürbitten

»Ich bin der Herr, dein Gott, ... ich habe dir geholfen«: Im Vertrauen darauf, dass Gott auch für uns einsteht und unsere Klage erhört, stehen wir vor seinem Angesicht und beten:

- Wir beten um Verständnis und gegenseitige Wertschätzung im ökumenischen Dialog.
- Wir beten um Kreativität und gute Gedanken für alle, die in der Glaubensverkündigung tätig sind.
- Wir beten um Mut und Hoffnung für alle, die das Scheitern einer Beziehung erfahren mussten.
- Wir beten um Momente der Stille und inneren Einkehr für alle, die sich auf das Kommen Gottes vorbereiten.
- Wir beten um das ewige Leben für unsere Verstorbenen.

Allmächtiger, ewiger Gott, schau auf den Glauben, den dir deine Kirche darbringt, und erhöre unser Beten durch Christus, unseren Herrn.

Meditation

Manchmal wäre es gut,
etwas über die Zukunft zu erfahren.
Wir möchten nicht nur wissen,
wie das Wetter morgen wird,
sondern auch, was uns morgen alles widerfahren wird.
Advent ist die Zeit der Hoffnung:
Deswegen lesen wir in diesen Tagen
aus dem Propheten Jesaja.
Er hat den Menschen Hoffnung gemacht,
er hat ihnen etwas über das Leben von morgen erzählt.
Der Grundtenor seiner Botschaft:
Gott wird alles gut machen.
Egal, wie aussichtslos die Lage erscheinen mag,
auch wenn momentan alles unheilig aussieht:
Gott wird alles zum Guten wenden.
Das ist die Hoffnung,
die Israel durchs Exil trägt.
Das ist die Hoffnung,
die uns heute leben hilft.

Freitag der 2. Adventswoche

Lesung: Jes 48,17–19; Evangelium: Mt 11,16–19

Zur Eröffnung: GL 554 (Wachet auf, ruft uns die Stimme)

Einführung

»Wachet auf, ruft uns die Stimme, der Wächter sehr hoch auf der Zinne«: Mit diesen Worten beginnt ein Lied, das wir in der Adventszeit gern singen. Es ist eine Vertonung des Gleichnisses von den klugen und den törichten Jungfrauen. Die einen haben einen ausreichend großen Vorrat an Öl dabei, um den Bräutigam zu empfangen – und die anderen eben nicht. Die einen sind wachsam und achtsam, die anderen leben einfach in den Tag hinein, ohne groß nachzudenken, was sein wird, wenn ... Wachsamkeit brauchen wir auch in diesem Advent, damit wir Christus nicht verpassen, wenn er in diese Welt kommt. Damit wir ihn empfangen und einlassen können, wenn er an die Türen unserer Herzen klopft. Damit wir ihm mit brennenden Lampen entgegengehen und alle Finsternis dieser Welt von seinem Lebenslicht durchbrochen wird.

Kyrie-Rufe

Herr Jesus Christus,
du hast uns dein Kommen in diese Welt zugesagt.
Du kommst zu einer Stunde, in der wir es nicht erwarten.
Du bringst uns Frieden und schenkst uns ewiges Leben.

Impuls für eine kurze Predigt

Mit einer adventlich-romantischen Stimmung haben die Schrifttexte des heutigen Tages wenig zu tun. Der Prophet Jesaja bringt vielmehr eine Anklage Gottes gegenüber seinem Volk ins Wort: »Hättest du doch auf meine Gebote geachtet!« Und Jesus greift eine abfällige Äußerung seiner Mitmenschen über ihn auf: »Dieser Fresser und Säufer, dieser Freund von Zöllnern und Sündern!«

Adventlich klingen solche Worte nicht, weil sie unseren Vorstellungen, wie der Advent auszusehen hat, radikal entgegenstehen. Hier hören wir nichts vom »lieben Advent« oder einer glühweinduftgeschwängerten Weihnachtsmarktwelt. Hier begegnen uns vielmehr Vorwürfe, weil Menschen etwas anders gemacht haben, als man es von ihnen erwartet hat. Derjenige, der in der Lesung angesprochen wird, hat eben nicht auf Gottes Gebote geachtet. Er hat einen anderen Weg beschritten als den, den Gott für ihn bereitet hat. Und die Konsequenz: Ihr Name wird in Gottes Augen getilgt und gelöscht. Das gleiche Spiel im Evangelium: Die Menschen stoßen sich an Johannes dem Täufer; sie meinen, er sei von einem Dämon besessen. Jesus macht vieles anders als Johannes, die Lebenspraxen der beiden unterscheiden sich. Aber auch Jesus findet bei den Menschen kein wirkliches Ansehen. Auch sein Verhalten erregt Anstoß.

Dinge anders machen, als sie von uns erwartet werden: Vielleicht ist das sogar eine gute Übung, mit der wir uns in der Adventszeit auseinandersetzen können. Weil auch Gott nicht unseren Vorstellungen entspricht. Weil er nicht dann in die Welt kommt, wenn es uns gerade günstig und passend erscheint. Er kommt, wann er will. Und so passt auch Gott in kein Schema. Und wir sind immer wieder herausgefordert, der Versuchung zu widerstehen, ihm Vorwürfe zu machen. Denn er richtet sich nicht nach unseren Wünschen. Aber wir können leben, wir können Glück erfahren wie einen Strom und Heil wie die Wogen des Meeres, wenn wir unser Leben auf ihn ausrichten. Wenn wir auf seinen Wegen gehen und auf seine Gebote achten.

Fürbitten

Lasst uns beten zu unserem Herrn Jesus Christus, denn er ist der Grund unserer Hoffnung:

- Für alle, die in den Wirren dieser Zeit keinen Halt finden und zu verzweifeln drohen.
- Für alle, die nur Lieblosigkeit und Hass erfahren.
- Für alle, die in den Kriegs- und Krisengebieten dieser Erde leben.
- Für alle, die sich für Verständigung und gegenseitige Rücksichtnahme einsetzen.
- Für alle unsere Toten, von denen wir hoffen, dass sie auf ewig in Gottes Liebe geborgen sind.

Denn du, Herr Jesus Christus, schenkst Hoffnung, wo wir keine Perspektive mehr haben. Dich loben und preisen wir, heute und in Ewigkeit.

Meditation

»Es allen recht getan, ist eine Kunst, die niemand kann«,
lautet ein geflügeltes Wort.
Auch Jesus kann davon ein Lied singen.
Egal, was er auch macht und wie er auch handelt:
Immer wissen die Menschen einen Grund,
um ihn zu kritisieren.
Doch Jesus durchschaut die Menschen:
Nicht er ist der Grund für ihren Missmut,
sondern sie selbst.
Die Menschen selbst sind oft launisch
und unzuverlässig.
Deshalb muss man immer zuerst auf sich selbst schauen,
bevor man die Fehler des anderen
in den Blick nimmt.

Samstag der 2. Adventswoche

Lesung: Sir 48,1–4.9–11; Evangelium: Mt 17,9a.10–13

Zur Eröffnung: GL 384, 1.3
(Hoch sei gepriesen unser Gott)

Einführung

In die Adventszeit fallen die dunkelsten Tage des ganzen Jahres. Wir stehen in unmittelbarer Nähe zur Wintersonnenwende: Die Tage werden bald wieder länger, die Nächte kürzer. Wir sehnen uns nach mehr Licht, nach mehr Sonne, mehr Wärme. Das kennen wir aus unserem ganzen Leben: Die Kälte der Unfreundlichkeit, der Unmenschlichkeit ergreift uns immer wieder und lässt uns frieren. So viele Schatten breiten sich über unser Leben. Und dabei möchten wir doch immer und andauernd die wärmenden Strahlen der Sonne genießen. »Lass deine Herrlichkeit in unseren Herzen aufstrahlen und nimm den Todesschatten von uns«, beten wir im heutigen Tagesgebet. Bitten wir Gott in dieser Feier, dass er uns befreie von der Finsternis, damit wir neu als Kinder des Lichtes Zeugen seiner Herrlichkeit sein können.

Kyrie-Rufe

Herr Jesus Christus, dein Antlitz strahlt über uns auf.
Herr Christus, du nimmst den Todesschatten von uns.
Herr Jesus Christus,
dein Lebenslicht erleuchtet unser Leben.

Impuls für eine kurze Predigt

Elija ist der Prophet schlechthin. Bis heute wird an manchen Festtagen im Judentum ein Platz am Tisch für den wiederkommenden Elija freigehalten. Elija ist der Bote des kommenden Messias. Oder mit anderen Worten: Bevor der Messias selbst eintrifft, sendet er den Propheten Elija zur Erde zurück, um seine Ankunft in dieser Welt anzukündigen.

Die frühen Christen haben die Erwartung des Propheten Elija auf Christus hin gedeutet. Und diese Lesart haben wir auch im heutigen Evangelium gehört: Wenn Jesus aus Nazaret der Messias ist, dann muss Johannes der Täufer der wiedergekommene Elija sein. Denn Johannes ist es ja, der auf Jesus als das Lamm Gottes hinweist, der den Blick der Menschen auf Christus richtet, in dem Gott in diese Welt gekommen ist.

Die Schrifttexte des heutigen Tages sagen uns: Gott kommt nicht einfach so in die Welt. Er platzt nicht in unseren Alltag herein. Wenn er kommt, dann kündigt er seine Ankunft an. Der Prophet Elija ist so eine Gestalt, die auftritt, um die Menschen vorzubereiten. Um ihnen gewissermaßen die Augen zu öffnen, damit sie sehen können, was sich hier ereignet. So ein Augenöffner ist auch Johannes der Täufer. Mit seiner Predigt und seiner Lebensweise will er die Menschen wachrütteln. Er will sie sensibel für die Gegenwart Gottes in dieser Welt machen. Denn allzu leicht sieht man nur das Oberflächliche und das, was einem sofort ins Auge springt. Wer aber Gottes Präsenz in dieser Welt sehen will, der muss schon tieferblicken. Der darf sich nicht mit dem erstbesten Eindruck zufriedengeben. Es braucht Menschen wie Elija und Johannes, die uns einladen, uns nicht in Selbstsicherheit zu wiegen, sondern uns immer neu zu öffnen für Gott, der auf überraschende Weise in diese unsere Welt kommt. Und vielleicht ist er schon da. Vielleicht ist er schon hier und heute mitten unter uns gegenwärtig. Und wir müssen ihn nur suchen, ihm auch in unserem Herzen und in unserem Leben Raum schenken.

Fürbitten

Was für Menschen unmöglich ist, ist für Gott möglich. Mit unserem Gebet wenden wir uns an den guten Gott und bitten ihn:

- Für die Armen in unserem Land und auf der ganzen Welt.
- Für die vielen Ehrenamtlichen, die sich in Suppenküchen und Einrichtungen für Obdachlose einbringen.
- Für die Menschen, die den Advent nur als Zeit von Hetze und Stress empfinden können.
- Für die Menschen im Heiligen Land und im Nahen Osten, die unter Hass und Terror leiden.
- Für unsere Verstorbenen und für alle, die um einen geliebten Menschen trauern.

Herr, unser Gott, erhöre unsere Bitten. Wir bringen sie dir im Heiligen Geist dar durch Christus, unseren Herrn.

Meditation

Elija hat das Volk Israel
wieder zum Glauben an den Herrn gebracht.
Elija hat den Bund des Volkes mit Gott wiederhergestellt.
Elija ist nicht gestorben wie ein normaler Mensch.
Elija wurde in die Gegenwart Gottes entrückt.
Elija wird wiederkommen, um den Messias anzukündigen.
Elija ist der Vorbote einer messianischen Heilszeit.
Johannes der Täufer schlüpft in die Rolle des Elija:
Er geht Jesus voraus,
er kündigt Jesus an,
er bereitet Jesus den Weg.
Die messianische Endzeit ist angebrochen,
sie ist schon da.

Montag der 3. Adventswoche

Lesung: Num 24,2–7.15–17a; Evangelium: Mt 21,23–27

Zur Eröffnung: GL 439 (Erhör, o Gott, mein Flehen)

Einführung

Wir kommen aus unserem Alltag und versammeln uns hier in der Kirche, um miteinander Gottesdienst zu feiern. Was bewegt Sie in diesem Augenblick? Welche Sorgen und Anliegen haben Sie zu dieser Feier mitgebracht? »Gütiger Gott, neige dein Ohr und erhöre unsere Bitten«, sprechen wir gleich im Tagesgebet. Gott ist da und schenkt uns seine Gegenwart. Und wir dürfen zu ihm kommen mit all dem, was uns im Moment gerade bewegt. Gott hat ein Herz für unsere Nöte, er weiß um unsere Anliegen. Weil er selbst Mensch geworden ist, weiß er um die Härte und Kälte, die unser menschliches Leben manchmal begleitet. Er ist einer von uns geworden, damit wir ihm in seiner Göttlichkeit immer ähnlicher werden können.

Kyrie-Rufe

Herr Jesus Christus,
du menschgewordener Gott in unserer Mitte.
Du lehrst die Menschen mit göttlicher Vollmacht.
Du schenkst uns deine Gegenwart.

Impuls für eine kurze Predigt

Manche Menschen vertrauen auf die Macht der Sterne. Sie studieren fleißig ihr Horoskop in der Hoffnung, etwas über die Zukunft vorhersagen zu können. Und manche meinen, den Charakter einer Person genau zu kennen, weil er in diesem oder jenem Sternzeichen geboren wurde. Ob es stimmt oder nicht, ob die Sterne wirklich etwas über die Zukunft wissen, das steht, wie so vieles in unserem Leben, in den Sternen.

Als Astrologe hätte Bileam, von dem wir eben in der Lesung gehört haben, wohl auf der ganzen Linie versagt. Denn eigentlich kann er gar nicht wirklich aus den Sternen lesen, weil er ja geschlossene Augen hat. Aber dennoch ist er ein Prophet: Weil er sich von Gott ergreifen lässt, weil er Gottes Worte hört und ihn in einer Vision sieht. Und was Bileam prophezeit, das hat ganz schön Gewicht: »Ein Stern geht in Jakob auf, ein Zepter erhebt sich in Israel.« Es wird einer kommen, der das ganze Volk mit seinem Licht erleuchtet. Aber seine Hörer muss Bileam enttäuschen: »Ich sehe ihn, aber nicht jetzt, ich erblicke ihn, aber nicht in der Nähe.« Bileams Weissagung ist eine Prophezeiung auf Zukunft hin. Sie ist ein Ausblick in eine Zeit, die noch bevorsteht.

»Ein Stern geht in Jakob auf«: Vielerorts schmücken leuchtende Sterne in diesen Tagen wieder die Häuser. An Weihnachten hängen wir Strohsterne an unsere Christbäume. Von den Magiern aus dem Osten hören wir, dass ein Stern sie zur Krippe geführt hat. Wir Christen deuten diese Prophezeiung des Bileam auf Christus hin: Er ist der Stern, der in Jakob aufgegangen ist und dessen Schein die Finsternis ein für alle Mal vertrieben hat. So bereiten wir uns in diesen adventlichen Tagen darauf vor, dass Christus, der

Stern, auch in unserem Leben aufgeht. Dass er unseren Alltag begleitet und uns dort leuchtet, wo die Finsternis des Lebens unerträglich geworden ist.

Fürbitten

Jesus hat alle Vollmacht von seinem himmlischen Vater. Zu ihm, in dem Gott in unsere Welt gekommen ist, rufen wir voll Vertrauen:

- Wir beten für unseren Papst N., unseren Bischof N. und alle, die dir nachfolgen.
- Wir beten für die Menschen, deren Würde missachtet und mit Füßen getreten wird.
- Wir beten für alle, die am Rand der Gesellschaft stehen und an die in diesen Tagen niemand denkt.
- Wir beten für alle, die unter Verfolgung, Rassismus und Missachtung zu leiden haben.
- Wir beten für alle, die gestorben sind und an deren Grab wir trauern.

Du, Herr Jesus, weist keinen ab, der zu dir kommt und dir ein Anliegen vorträgt. Auf dich setzen wir unsere Hoffnung heute und in Ewigkeit.

Meditation

Israel ist noch auf dem Weg
aus der Knechtschaft in Ägypten
hinein in das verheißene Land.
Bereits jetzt schickt Gott dem Volk einen Propheten:
Bileam ist sein Name.
Gottes Bote drängt Bileam, das Volk zu segnen.
Und er blickt in die Zukunft dieses Volkes:
Er sieht einen leuchtenden Stern aufgehen,
ein König für Israel wird geboren.
Doch mehr noch:
Die Zukunft Israels ist die Zukunft der ganzen Menschheit.
Der Stern geht uns allen auf,
uns allen wird der König Israels zum Segen.

Dienstag der 3. Adventswoche

Lesung: Zef 3,1–2.9–13; Evangelium: Mt 21,28–32

Zur Eröffnung: GL 225 (Wir ziehen vor die Tore der Stadt)

Einführung

Gott will in diese Welt kommen; darauf bereiten wir uns in dieser Adventszeit vor. Wir glauben und bekennen, dass er in unserer Welt ankommen will, um die Schöpfung zu vollenden. Doch wenn diese Botschaft wahr ist, wenn unser Glaube wirklich etwas für unser Leben austrägt, dann können wir nicht weiterleben wie zuvor. Der Advent verändert unser Leben, unsere ganze Existenz. Wenn wir als adventliche Menschen leben wollen, dann heißt das: Wir müssen heute schon umkehren, heute schon Gerechtigkeit und Barmherzigkeit leben und dadurch heute schon an Gottes Reich bauen. Es ist nie zu spät, zu Gott umzukehren und sich wieder auf ihn einzulassen. Auch dann, wenn wir uns schon gegen ihn entschieden haben, hält er nach uns Ausschau, um uns wieder in seine Nähe zu rufen. Er will seine Gegenwart mit uns teilen.

Kyrie-Rufe

Herr Jesus Christus,
du bist aus der Jungfrau Maria Mensch geworden.
Du hast die alten Verheißungen der Propheten erfüllt.
Du bist unsere Freude und der Weg, der uns zu Gott führt.

Impuls für eine kurze Predigt

So geht es nicht mehr weiter. Jetzt muss sich endlich etwas ändern. Es ist fünf vor Zwölf. Solche oder ähnliche Sätze fallen manchmal, wenn man dem anderen mitteilen möchte, dass der Zustand im Moment untragbar geworden ist. Solche Sätze begegnen uns im Alltag immer wieder: Denken wir nur an die Klimakrise, bei der wir immer neu zu einem schnellen Handeln aufgefordert und gedrängt werden, weil es bereits Spitz auf Knopf steht.

So geht es nicht mehr weiter: Mit diesen Worten könnte man auch die heutige Lesung aus dem Prophetenbuch Zefanja zusammenfassen. Schon der erste Satz zeigt die Richtung an, in die es geht: »Wehe, trotzige und schmutzige, gewalttätige Stadt!« Eine Liebeserklärung an Jerusalem ist das wahrlich nicht. Oder vielleicht doch? Denn der Grund, warum man solche Worte zu jemandem sagt, ist doch nicht Gleichgültigkeit. Anders gesagt: Zefanja greift nicht zu solchen Mitteln, weil ihm das Schicksal der Stadt Jerusalem egal wäre. Dem Propheten ist vielmehr sehr viel daran gelegen, dass die Einwohner Jerusalems sich wieder Gott zuwenden und sich retten lassen. Jerusalem liegt Zefanja am Herzen. Und gerade deswegen tritt er mit solchem Feuereifer für eine gute Zukunft für diese Stadt ein.

Umkehr wagen, wenn die Zeit dafür reif ist. Davon spricht auch das heutige Evangelium. Die Pointe daraus lautet: Für Umkehr zu Gott ist es nie zu spät. Und so dürfen auch wir diese Adventszeit nutzen, um uns neu bewusst zu werden, für welche Dinge es in unserem Leben höchste Zeit ist. Kann es mit meinem Leben so weitergehen wie bisher? Oder muss auch ich umkehren? Machen wir uns neu auf zu Gott! Bei ihm finden wir Zuflucht, er hält nach uns Ausschau, er ruft uns auf den Weg der Gerechtigkeit – an jedem Tag unseres Lebens aufs Neue.

Fürbitten

»Da ist ein Armer; er rief und der Herr erhörte ihn. Er half ihm aus all seinen Nöten«: Die Worte aus dem heutigen Antwortpsalm ermutigen uns, dass wir uns vor Gott hinstellen und ihm sagen, was uns auf dem Herzen liegt. Zu Gott, der sein Antlitz auf uns legt, rufen wir:

- Wir beten um Frieden in einer zerrissenen Welt, die geprägt ist von Auseinandersetzungen und Kriegen.
- Wir beten um deinen Heiligen Geist für alle Verantwortungsträger in der Politik und in unserem Staat.
- Wir beten um Versöhnung für die Menschen, die sich zerstritten haben und die nicht mehr miteinander können.
- Wir beten um Hoffnung in Perspektivlosigkeit, um Zuversicht in Trauer, um Mut in Resignation.
- Wir beten um das ewige Leben für unsere Verstorbenen.

Du bist uns nahe, Herr, unser Gott, noch bevor wir uns an dich wenden. Du trägst unser Leben und begleitest uns. Darauf vertrauen wir heute und in Ewigkeit.

Meditation

Gott ruft die Menschen immer wieder zur Umkehr auf.
Die Propheten sind wie ein Sprachrohr dieses Rufes.
Sie hören ihn und geben ihn an das Volk weiter.
Umkehr ist also nicht nur eine Tat des Menschen,
sie geht von Gott aus.
Er ruft die Menschen zur Umkehr.
Und wir tun gut daran,
auf Gottes Ruf zu hören,
ihm zu gehorchen,
unser Leben immer neu auf den Prüfstand zu stellen.
Gott ermöglicht uns Umkehr –
und wir dürfen diese Chance annehmen.

Mittwoch der 3. Adventswoche

Lesung: Jes 45,6b–8.18.21b–25; Evangelium: Lk 7,18b–23

Zur Eröffnung: GL 221, 1–4 (Kündet allen in der Not)

Einführung

Die Tage bis Weihnachten werden immer weniger. Und für viele Menschen nimmt daher der Stress zu: So vieles gilt es noch einzukaufen, herzurichten, einzupacken, bis das große Fest vor der Tür steht. Doch dabei bleibt so vieles auf der Strecke, was die Adventszeit ausmacht. Sie ist eine Zeit der Buße und der Umkehr; darauf weisen die violetten Gewänder hin, die wir im Gottesdienst tragen. Aber der Advent ist auch eine Zeit der Freude, der Vor-Freude auf das Weihnachtsfest, das wir bald feiern wollen. Es braucht Besinnung und innere Bereitschaft, um Christus zu empfangen, wenn er in diese Welt kommt. Das ist auch ein Grund zur Freude. Darum wollen wir heute in dieser Feier besonders beten.

Kyrie-Rufe

Herr Jesus, du heilst Menschen
von ihren Krankheiten und Leiden.
Du befreist Menschen von Dämonen und bösen Geistern.
Du schenkst Blinden das Augenlicht
und verkündest den Armen das Evangelium.

Impuls für eine kurze Predigt

Vielleicht ist sich Johannes am Ende doch etwas unsicher geworden. Er tritt auf, um dem kommenden Messias den Weg zu bereiten. Und dann kommt dieser Jesus aus dem Dörfchen Nazaret, auf dessen Haupt sich der Heilige Geist niederlässt. Die Mission des Täufers hat ein erfolgreiches Ende gefunden, könnte man sagen. Der Messias ist da, Johannes hat sein Kommen angekündigt, er hat jetzt seinen Dienst getan.

Aber ist Jesus wirklich der erwartete Messias? Johannes ist unschlüssig geworden. Und über seine Jünger lässt er bei Jesus nachfragen: »Bist du der, der kommen soll?« Die Antwort, die Jesus den beiden Jüngern mitgibt, klingt zunächst wie eine Enttäuschung: Er hätte einfach Ja oder Nein sagen können. Jesus aber macht etwas anderes. Er sagt zu den Jüngern: Schaut, was ich alles vollbringe. Dann geht zu eurem Meister und erzählt ihm davon. Und wir dürfen sicher sein, dass Johannes diese Antwort Jesu verstanden hat. Denn Johannes kannte die alten Verheißungen der Propheten, und er wusste, dass sich in Jesus das erfüllt, was Generationen von Menschen schon erwartet und ersehnt hatten.

»Bist du der, der kommen soll?« Diese Frage tragen auch heute noch viele Menschen an Jesus heran. Denn vielleicht ist Jesus gar nicht der Messias. Vielleicht ist er nur einer von vielen, die vorgegeben haben, im Namen Gottes große Wunder zu tun, und die letztlich doch nur leere Versprechungen im Gepäck hatten.

Auch heute gibt uns Jesus auf diese Frage keine klare Antwort. Wer ein Ja oder Nein von ihm erwartet, wird enttäuscht. Auch heute sagt er nur eines zu uns: Schau auf mich, sieh auf das, was ich unter den Menschen tue, und dann entscheide selbst! Mit anderen Worten: Jeder und jede von uns ist aufgefordert, sich selbst mit Jesus auseinanderzusetzen, sein Handeln zu beobachten, auf seine Worte zu hören. Und dann muss sich die Frage selbst beantworten. So, wie es schon der Täufer Johannes tun musste. Seine Reaktion bleibt am Ende des Evangeliums offen. Die Lücke, die dadurch entsteht, ist für uns gedacht. Hier können wir hineinschlüpfen in das Evangelium und die Antwort des Täufers durch unsere eigene Antwort ausfüllen.

Fürbitten

Wir glauben, dass in Jesus Gott selbst in unsere Welt gekommen ist. Wir bekennen ihn als Retter und Heiland. So stehen wir vor ihm und richten unsere Bitten an ihn:

- Wir beten für alle Eltern und Großeltern.
- Wir beten für alle, die in den kommenden Wochen die Geburt eines Kindes erwarten.
- Wir beten für die Menschen im Nahen Osten und denken auch an die Christen im Heiligen Land.
- Wir beten für alle, die Opfer von Unglücksfällen oder Naturkatastrophen geworden sind.
- Wir beten für alle unsere Toten, dass sie teilhaben dürfen am himmlischen Hochzeitsmahl.

Herr Jesus, du bist der Christus, der Sohn des lebendigen Gottes. Durch dich wird die Welt heil, und die neue Schöpfung bricht an. Dir sei Lob und Ehre in Ewigkeit.

Meditation

Gott kann ganz schön nachdrücklich sein!
Das mussten die Israeliten erfahren,
als der Prophet Jesaja zu ihnen gesprochen hat.
Die Worte, die er verwendet,
zeugen von der Liebe Gottes zu seinem Volk.
Er möchte Israel retten,
er möchte seinem Volk das Heil bringen.
Aber die Menschen müssen sich schon
zu Gott bekennen,
sie müssen schon nach seinem Gesetz leben.
Nur dann können sie das Volk sein,
welches der künftigen Heilszeit
teilhaftig werden darf.

Donnerstag der 3. Adventswoche

Lesung: Jes 54,1–10; Evangelium: Lk 7,24–30

Zur Eröffnung: GL 218 (Macht hoch die Tür)

Einführung

Inmitten des adventlichen Trubels haben wir uns versammelt, um miteinander Gottesdienst zu feiern. In dieser Zeit geben wir besonders der Stille großen Raum. Wir brauchen stille Augenblicke, Momente der Ruhe und Besinnung, um uns auf das einzustellen, was wir in diesen Tagen feiern. Über Nacht ist eine andere Zeit geworden. Doch wir Menschen können uns nicht über Nacht einfach umstellen. Wir brauchen Zeit, um uns dessen bewusst zu werden, was diese heiligen Tage prägt. Das Kommen Gottes in diese unsere Welt fordert uns heraus. Und wir müssen uns dieser Herausforderung stellen, wir müssen uns einlassen auf den Gott, der uns entgegenkommt. Die Wochen des Advents geben uns dafür die nötige Zeit. Sie rufen uns gewissermaßen zu: Mensch, lass dich ein auf Gott, denn er will auch zu dir kommen. Gott will auch bei dir Mensch werden. Darauf bereiten wir uns in diesen Tagen vor.

Kyrie-Rufe

Herr Jesus, du sendest Johannes als Boten vor dich her.
Herr Christus, du rufst uns auf, dir den Weg zu bereiten.
Herr Jesus, du willst, dass wir den Willen Gottes erkennen.

Impuls für eine kurze Predigt

Ich möchte Sie zu einem Gedankenexperiment einladen: Denken Sie doch einmal einen Moment an Ihre Jugendliebe. – Vielleicht haben Sie sofort jemanden im Kopf, in den Sie in Ihrer Jugend »total verschossen« waren. Oder Sie erinnern sich noch an ein Mädchen oder einen Jungen, mit dem Sie den ersten Kuss erlebt haben. Die erste große Liebe prägt das gesamte Leben. Man vergisst sie nicht mehr. Und manchmal rückt man sie auch in ein allzu verklärendes Licht, weil damals ja alles so schön und frisch war. Wie dem auch sei: Wahrscheinlich haben Sie beim Stichwort »Jugendliebe« ein ziemlich konkretes Bild vor Augen von einem Menschen, der Ihnen einmal sehr wichtig war.

Das Bild der Jugendliebe begegnet uns auch in der heutigen Lesung aus dem Prophetenbuch Jesaja: »Kann man denn die Frau verstoßen, die man in der Jugend geliebt hat?« Und die Antwort, die mit dieser Frage provoziert werden soll, liegt eigentlich auf der Hand: Nein, eine Jugendliebe bleibt immer wichtig, behält Bedeutung für das ganze Leben. Es mag den Trennungsschmerz geben und man braucht manchmal Abstand voneinander. Aber das schmälert nicht die Wichtigkeit, die eine solche Jugendliebe hat. Das weiß auch Jesaja. Und auf diesen Gedanken zielt die Argumentation, die er in der heutigen Lesung entwickelt.

Es geht um die Stadt Jerusalem: Sie ist schuldig geworden, sie hat sich von Gott abgewendet, sie hat sich darin gefallen, zu sündigen. Deswegen hat Gott das Urteil über sie gesprochen. Ihre Einwohner mussten ins Exil, die Stadt wurde von den Babyloniern besetzt. Aber ist das der Weisheit letzter Schluss? Jesaja sagt Nein. Jugendlieben vergisst man nicht. Sie rutschen nicht in die Gleichgültigkeit ab. Deswegen wird Gott sich seiner Stadt wieder zuwenden. Darauf setzt Jesaja. Und darauf dürfen auch wir bauen: Gott vergisst die Menschen, die er liebt, nicht. Das ist seine Zusage und sein Versprechen an uns heute. Darauf dürfen wir vertrauen.

Fürbitten

Gott erbarmt sich uns Menschen mit ewiger Huld. Mit großem Erbarmen holt er uns zu sich heim. Denn der Heilige Israels ist unser Erlöser. Vor ihm, dem Gott der ganzen Erde, stehen wir und beten:

- Für alle, die in Kirche und Gesellschaft Verantwortung tragen und wichtige Entscheidungen zu treffen haben.
- Für alle, die ihre Heimat verloren haben, auf der Flucht sind und um die Aufnahme in einem sicheren Land ersuchen.
- Für alle, deren Freundschaften oder Beziehungen zerbrochen sind, die unter Trennungsschmerz leiden und sich nach Versöhnung sehnen.
- Für alle, die sich auf den Weg gemacht haben, um etwas Neues zu erreichen, die miteinander um Antworten und Lösungen für die Zukunft ringen.
- Für alle, die uns vorausgegangen sind im Glauben, die gestorben sind in der Hoffnung, dass der »Herr der Heere« ihre Hand ergreift und sie durch den Tod zum Leben führt.

Großer und heiliger Gott, auf dich haben unsere Väter vertraut und du hast sie aus der Knechtschaft in die Freiheit geführt. Auch wir bauen unser Leben auf dich – verlass uns nicht, bleib bei uns heute und an allen Tagen unseres Lebens.

Meditation

Gott ist ein verzeihender Gott.
Er trägt Israel seine Vergehen nicht nach.
Gottes Liebe zu seinem Volk
ist wie die Liebe in einem Ehebund.
Jerusalem wird von Gott
nicht länger verstoßen,
jetzt ist Freude angesagt
anstelle von Trauer.
Gottes Treue ist unerschütterlich.
Er hält auch dann zu uns,
wenn wir seine Liebe nicht erwidern,
wenn wir seinen Ansprüchen nicht genügen.
Auch dann ergreift er die Initiative für uns
und zu unserem Heil.

Freitag der 3. Adventswoche

Lesung: Jes 56,1–3a.6–8; Evangelium: Joh 5,33–36

Zur Eröffnung: GL 528 (Ein Bote kommt, der Heil verheißt)

Einführung

»Gnade« ist ein Wort, das uns gerade in dieser Adventszeit immer wieder begegnet. »Gegrüßet seist du, Maria, voll der Gnade«, beten wir – oder wir bezeichnen Maria als »Begnadete«. Aber was heißt »Gnade« überhaupt? Letztendlich bedeutet es vor allem eines: Gott wendet einem Menschen sein Angesicht zu. Gott wählt sich einen Menschen aus und spricht zu ihm sein Ja. In diesem Sinn sind wir alle »voll der Gnade«, weil wir als Gottes geliebte Kinder getauft sind. Doch allzu leicht vergessen wir dieses Geschenk. Aus der Gnade zu leben heißt, sich täglich neu bewusst zu machen, dass unser Leben getragen ist von Gott. Dass er schon da ist, noch bevor wir an ihn denken. Dass er unseren Alltag begleitet und trägt, egal, was uns widerfahren mag. Darum beten wir auch im heutigen Tagesgebet: »Allmächtiger Gott, deine Gnade komme unserem Bemühen zuvor und begleite unser Tun«.

Kyrie-Rufe

Herr Jesus Christus, du beschenkst uns mit deinem Frieden.
Du gibst uns ein reines Herz,
dass wir uns auf deine Ankunft freuen.
Du legst für die Wahrheit Zeugnis ab.

Impuls für eine kurze Predigt

Immer wieder begegnen uns im Alltag Menschen, die von sich meinen, etwas Besseres oder Wichtigeres zu sein. So oft lassen sie uns das auch spüren. Aber kann man als Mensch wirklich wichtiger sein als ein anderer? Wir sind doch alle geliebte Kinder Gottes und jeder hat ein Charisma, eine Gnadengabe, die ihn auszeichnet und zu etwas Besonderem macht. Jeder Mensch ist wichtig und gut. Das ist eine Einsicht, die das Leben in vielen Fällen erleichtert und die Begegnung mit den Mitmenschen ermöglicht.

Wer ist wichtiger: Johannes oder Jesus? Diese Frage taucht gewissermaßen im heutigen Evangelium auf. Und Jesus selbst beantwortet sie relativ eindeutig: »Ich aber habe ein gewichtigeres Zeugnis als das des Johannes.« Damit ist also alles gesagt. Jesus ist wichtiger als Johannes, der eine ist nur der Bote des anderen. Der eine ist der Knecht, der andere der Herr. Damit sind die Fronten geklärt und alle offenen Fragen beantwortet.

Doch ist es wirklich so? Zwei Dinge sind dabei entscheidend: Zunächst ist diese Hierarchie sicher begründet. Denn Johannes selbst wusste ja, dass er nur dem Messias vorausgeht, dass er nur derjenige ist, der den Messias ankündigt. Als die Menschen vermuten, Johannes sei selbst der Messias, muss er sie bitter enttäuschen. Aber für Johannes ist das nicht schlimm: Er weiß, wo sein Platz ist, er kennt seine Aufgabe. Und diese füllt er mit großem Engagement aus. In der zweiten Reihe fühlt er sich wohl. Und das andere: Wenn es um das Zeugnis über Gott geht, ist Jesus tatsächlich im Vorteil. Er ist der ewige Sohn des ewigen Vaters. Er kennt den Vater wie kein anderer. Auch Johannes kann von der

Wahrheit Zeugnis ablegen, aber dieses Zeugnis wird von Jesus übertroffen.

Jesus ist das Licht der Welt. Er ist vom Vater in die Welt gesandt, um von ihm Zeugnis zu geben. Wir sollen alles über den Vater erfahren. Deswegen reicht das Zeugnis des Johannes nicht aus. Aber er, der Sohn, kann uns in die ganze Wahrheit einführen.

Fürbitten

Jesus ist vom Vater gesandt, um zu heilen, was verwundet ist und die Herzen der Menschen zu bekehren. Zu Christus, dem Abbild des ewigen Vaters, kommen wir und bitten:

- Wir beten für die Menschen, die aufgrund ihres Glaubens verfolgt werden: Steh ihnen bei und lass sie in ihrer Not nicht verzweifeln.
- Wir beten für die Menschen, die einsam und alleingelassen sind: Umfange sie mit deiner Gegenwart und schenke ihnen Geborgenheit.
- Wir beten für die Menschen, die in Krieg und Terror leben: Gib ihnen Sicherheit und lass sie die Hoffnung auf Frieden nicht verlieren.
- Wir beten für die Menschen, die tagtäglich um ihr Überleben kämpfen müssen: Lass sie deine Kraft erfahren und stärke sie durch den Beistand ihrer Mitmenschen.
- Wir beten für die Menschen, die heute sterben: Nimm sie auf in deine Herrlichkeit und lass sie durch dich zum Leben auferstehen.

Denn dein ist das Reich, dein sind Kraft und Herrlichkeit heute und in alle Ewigkeit.

Meditation

Wer gehört zum Volk,
mit dem Gott seinen Bund geschlossen hat?
Es gibt einige in Israel, die meinen,
Gottes Heil sei ausschließlich dem Volk Israel vorbehalten.
Doch weit gefehlt:
Schon der Prophet Jesaja weitet diese Perspektive radikal.
Allen Menschen, die sich zu Gott bekennen,
wird das Heil zuteil.
Alle Menschen dürfen Gott
von Angesicht zu Angesicht schauen.
Denn Gott ist ein Gott aller Menschen,
er will, dass seine ganze Schöpfung gerettet wird.

17. Dezember

Lesung: Gen 49,2.8–10; Evangelium: Mt 1,1–17

Zur Eröffnung: GL 222,1.2.9
(Herr, send herab uns deinen Sohn)

Einführung

Die letzte Woche vor Weihnachten ist angebrochen. Mit großen Schritten bewegen wir uns auf das große Fest zu. Auch die Liturgie intensiviert ab dem 17. Dezember die Vorbereitung auf Weihnachten: Diese letzten Tage des Advents sind durch die großen O-Antiphonen geprägt. Sie werden in der Tagzeitenliturgie zur Vesper am Abend gesungen, aber auch in der Messe zum Halleluja-Ruf. Die Antiphonen greifen sieben Anreden des Messias aus dem Alten Testament auf, die mit einem ehrfurchtsvollen »O« beginnen und in die Bitte »Komm!« münden. Am heutigen ersten Tag dieser O-Antiphonen wird das Motiv der Weisheit aufgenommen. Als »gute Ratgeberin«, als »erstes Geschöpf Gottes« wird sie im Alten Testament bezeichnet. Paulus schließlich deutet all dies auf Christus hin: Er ist die Mensch gewordene Weisheit Gottes für uns.

Kyrie-Rufe

Herr Jesus, du Sohn Gottes und Sohn der Jungfrau Maria.
Du bist aus dem Vater geboren vor aller Zeit.
Du Gott von Gott, Licht vom Licht,
wahrer Gott vom wahren Gott.

Impuls für eine kurze Predigt

Wer wissen möchte, wo er herkommt, wo seine familiären Wurzeln liegen, der kann sich auf Ahnenforschung begeben. Interessant mag dieses Vorhaben sein; man weiß ja am Anfang noch nicht, was am Ende herauskommt, welche verwandtschaftlichen Beziehungen sich herausstellen. Vielleicht taucht sogar der eine oder andere große Name im Stammbaum auf und man entdeckt, dass man aus einer einst prominenten Familie stammt.

Auch der Evangelist Matthäus hat sich auf Ahnenforschung begeben. Einen detaillierten Stammbaum von Jesus hat er erstellt, alle Generationen aufführend bis hin zu Abraham. Große Namen begegnen uns da: von den Stammvätern über David und Salomo bis schließlich hin zu Josef und Maria. Eine wahrhaft große Genealogie, die beinahe nur aus prominenten Personen besteht.

Tatsächlich geht dies mit der Aussageabsicht des Matthäus einher. Ob die verwandtschaftlichen Beziehungen dieses Jesus von Nazaret tatsächlich bis Abraham reichen, bleibt für uns im Dunkeln. Aber es wird deutlich, dass dieser Mensch einer großen Linie entspringt, dass er zum Stamm Davids gehört, dem schon lange ein großer Nachfolger prophezeit ist. In der Lesung haben wir von der Verheißung an Juda gehört: Ihm gebührt die Herrschaft, »bis er kommt«, der junge Löwe. Dieser noch Unbekannte erhält von Matthäus einen Namen: Jesus von Nazaret. Er ist der verheißene Messias, von dem die Schriften des ersten Testamentes noch ganz verborgen reden. Er geht aus den großen Geschlechtern hervor und schenkt dem Haus David ewigen Bestand. Er ist der, der kommt und dem die Herrschaft nicht nur über Juda, sondern über die ganze Welt gebührt.

Die Offenbarung des Johannes greift die Verheißung an Juda aus der Lesung auf und konstatiert rückblickend auf das Christusereignis: »Weine nicht! Siehe, gesiegt hat der Löwe aus dem Stamm Juda, der Spross aus der Wurzel Davids; er kann das Buch und seine sieben Siegel öffnen« (Offb 5,5).

Fürbitten

Jesus ist der verheißene Messias, auf den Generationen von Menschen gewartet haben. Er ist der Sohn Davids und Sohn Abrahams. Zu ihm, der Weisheit, die uns von Gott gegeben ist, beten wir:

- Wir beten für unseren Papst N. und alle Verantwortlichen in der Kirche: um die Weisheit, kluge Entscheidungen zu treffen.
- Wir beten für unsere Politiker und alle, die Sorge tragen für das Wohl der Menschen: um die Weisheit, nicht nach dem eigenen Vorteil zu handeln.
- Wir beten für alle, die nicht wissen, welchen Weg sie in der Zukunft gehen möchten: um die Weisheit, neue Perspektiven zu entdecken.
- Wir beten füreinander: um die Weisheit, die uns fähig macht, ein Leben zu führen, das Gott und den Mitmenschen gefällt.
- Wir beten für unsere Verstorbenen: um die Begegnung mit Christus, den Gott für uns Menschen zur Weisheit gemacht hat.

Herr Jesus Christus, in dir finden wir, was unser Leben ganz macht. Komm in unsere Welt und offenbare uns den Weg der Weisheit und Einsicht.

Meditation

Gott hat schon einen Plan für unser Leben.
Seine ganze Schöpfung läuft nicht planlos ab,
sie steuert auf ein Ziel zu.
Der Stammvater Jakob spricht über seine Söhne
ein Segensgebet:
Obwohl Juda nicht der Älteste ist,
soll Gottes Segen auf ihn herabkommen.
Später einmal wird König David
aus dem Haus Juda hervorgehen.
So ist schon Jakob ein Wegbereiter
des kommenden Messias.
So zeigt sich, dass Gott schon am Werk ist,
noch bevor wir selbst etwas tun könnten.
Gott hat schon einen Plan für diese Welt.

18. Dezember

Lesung: Jer 23,5–8; Evangelium: Mt 1,18–24

Zur Eröffnung: GL 227 (Komm, du Heiland aller Welt)

Einführung

Die Worte über die Vergangenheit zu hören, ist schön und gut. Aber was trägt es schon für unser Leben aus, dass Gott einst das Volk Israel aus Ägypten befreit hat? Was bedeutet es schon für unser Heute, dass Gott sich vor vielen Tausenden von Jahren den Menschen offenbart hat? Der Prophet Jeremia gibt uns darauf indirekt eine Antwort: Weil Gott einst in das Geschick eingegriffen hat, wird er es auch wieder tun. Und dann wird man sich nicht mehr an Ereignisse erinnern, die weit in der Vergangenheit liegen. Dann wird man vielmehr an das Heute denken, das man selbst erlebt und am eigenen Leib erfahren hat. Dann wird die Gegenwart zur Vergangenheit, und aus der Vergangenheit erwächst Zukunft: Weil Gott einst so an uns gehandelt hat, deswegen wird er es wieder tun. Zwischen Vergangenheit, Gegenwart und Zukunft leben wir. Und wir tun es unter der Verheißung seines Namens: Immanuel. Er ist der Gott, der mit uns ist – gestern, heute und in Ewigkeit.

Kyrie-Rufe

Herr Jesus, du Herr und Führer des Hauses Israel.
Maria hat dich durch das Wirken
des Heiligen Geistes empfangen.
Du bist der Immanuel, der Gott, der mit uns ist.

Impuls für eine kurze Predigt

»Träume sind Schäume«, lautet eine alte Redensart, die uns davor bewahren will, die nächtlichen Gedanken allzu ernst zu nehmen. Denn alles, was uns da in unserer Vorstellung widerfährt, ist nicht real, nicht fassbar. So ist es aber auch mit unseren Tag-Träumen: der Traum vom großen Geld, die Traumreise, die Traumfrau, der Traummann – all das bleibt in vielen Fällen eine Wunschvorstellung. Denn Träume gehen bekanntlich nur selten in Erfüllung.

Vom Traum des Josef berichtet uns das heutige Evangelium. Es ist ein Traum von einer besseren Zukunft, von einem Gott, der mit seinem Volk mitgeht, es begleitet auch in der Not. Dem Mose ist dieser Gott am brennenden Dornbusch schon begegnet. Als der »Ich bin da« stellt er sich dort vor, gibt er sein innerstes Wesen preis. Und als solcher wird er fortan auch von seinem Volk Israel erfahren. Er ist da in Ägypten, in der elenden Sklaverei; er ist auch da in Babylon, im grausamen Exil. In Freud und Leid steht er zu seinem Volk, immer sind seine Spuren in der Geschichte Israels erkennbar. Niemand braucht mehr zu verzweifeln, weil Gott da ist.

Von diesem Gott, der mit den Menschen geht, träumt Josef. Von seinem erneuten Kommen in diese Welt, von seiner Menschwerdung. Dieser Traum zerplatzt nicht wie eine Seifenblase, er vergeht nicht wie Schaum. Er wird Wirklichkeit. Im Kind in der Krippe ist der Immanuel, der mitgehende Gott, mitten unter uns. Das feiern wir an Weihnachten. Gott wird Mensch, er zeigt sein Da-Sein auf vollkommen neue Weise. Die von Gott erfüllte Zukunft ist keine Wunschvorstellung, kein Traum. In Jesus von Nazaret beginnt sie, wird real. Denn er ist der Immanuel, der Gott-mit-uns, der uns zur Seite steht, der mit uns geht durch den Tod hindurch zum ewigen Leben. Das feiern wir in diesen kommenden Tagen. Deshalb dürfen wir den Traum des Josef getrost mitträumen – weil er nicht Schaum ist, sondern in Erfüllung geht.

Fürbitten

Auf Gottes Geheiß nimmt Josef Maria zu seiner Frau. Gott führt nicht nur das Leben von Josef, er hat auch für *unser* Leben einen Plan. Zu ihm, der den Gebeugten, der um Hilfe schreit, rettet, beten wir vertrauensvoll:

- Wir beten für unsere Kinder und Jugendlichen, die sich in diesen Tagen auf das Weihnachtsfest freuen.
- Wir beten für alle, die Leid tragen und traurig sind.
- Wir beten für alle, die nichts mehr von dir wissen wollen und sich von dir abgewandt haben.
- Wir beten für alle, die nach deiner Gegenwart in ihrem Leben suchen und dich noch nicht als tragenden Grund ihres Daseins erkannt haben.
- Wir beten für alle unsere Verstorbenen (besonders denken wir heute an N.).

Gott, du bist treu in allem, was du tust und vollbringst. Du Herr und Führer des Hauses Israel: Komm und befreie uns mit starkem Arm aus aller Not und allem Elend. Dich loben wir heute und in Ewigkeit.

Meditation

Alles endet in Gewalt und Ungerechtigkeit!
Das ist die Perspektive,
mit der uns die heutige Lesung konfrontiert.
Zumindest menschlich gesehen,
scheint es in Zeiten äußerster Bedrohung
und Unterdrückung
keinen Ausweg für Israel mehr zu geben.
Doch Jeremia hat eine andere Botschaft für sein Volk:
Der Tag wird kommen,
an dem Gott Gerechtigkeit bringt.
Der Tag wird kommen,
an dem Gottes barmherzige Liebe
übergroß ist.
Auch heute gilt für uns:
Gott, der Herr,
ist unsere Gerechtigkeit.
Auf ihn dürfen wir allezeit hoffen.

19. Dezember

Lesung: Ri 13,2–7.24–25a; Evangelium: Lk 1,5–25

Zur Eröffnung: GL 527 (Ave, Maria zart)

Einführung

Ungewissheit begleitet uns das ganze Leben lang. Wir wissen nicht, was morgen sein wird. Dunkel liegt die Zukunft vor uns, nur schemenhaft erahnen wir das Kommende. Gelähmt von Rückschlägen der Vergangenheit, wagen wir uns nur ängstlich auf neue Wege. Diese adventlichen Tage wollen uns das Gegenteil lehren: neuen Mut schöpfen, den Kopf erheben, freudig nach vorn blicken. Ob der Ungewissheit des Lebens nicht verzagen, weil Gott unser Begleiter ist. Er kommt in unsere Welt und geht mit uns auf den Wegen des Lebens. So verheißt es uns auch der Eröffnungsvers des heutigen Tages: »Der Herr wird kommen, er lässt nicht auf sich warten. Es wird keine Angst mehr sein in der Welt, denn er ist unser Heiland.«

Kyrie-Rufe

Herr Jesus Christus,
du nimmst uns die Angst vor der Ungewissheit des Lebens.
Du bist bei uns in den schweren Stunden des Alltags.
Du schenkst uns immer neu Mut, wenn wir verzagen.

Impuls für eine kurze Predigt

Eine Schwangerschaft ist immer ein besonderes Ereignis im Leben einer jungen Familie. Oft muss so vieles noch vorbereitet werden, bis der Nachwuchs eintrifft. Gerade beim ersten Kind herrscht bei den werdenden Eltern auch noch viel Unsicherheit. Werden wir denn auch alles richtig machen, wenn das Kind da ist? Wie wird die Zukunft mit dem Baby aussehen?

Von zwei Schwangerschaften berichten uns auch die biblischen Texte des heutigen Tages. In der Lesung aus dem Richterbuch hören wir von der Frau des Manoach, im Evangelium von Elisabet. Beide Frauen sind unfruchtbar. Sie können keine Kinder bekommen, die Hoffnung auf Nachwuchs ist schon lange geschwunden. Doch das Überraschende ereignet sich: Beide Frauen werden dennoch schwanger und bringen ein Kind zur Welt. Die eine den großen und bekannten Richter Simson, die andere Johannes, den späteren Täufer und Vorläufer des Messias.

Beide Erzählungen beinhalten die eine Frohe Botschaft, dass für Gott nichts unmöglich ist. Durch sein Handeln können die beiden Frauen doch ein Kind gebären. Wo jede Hoffnung bereits geschwunden ist, wo man aufgrund der harten Fakten schon resigniert, greift er ein. Er eröffnet neue Wege, schenkt uns Menschen eine gute Zukunft. Das verheißen uns diese beiden Texte. Und so dürfen auch wir glaubend und auf ihn vertrauend durch das Leben schreiten, weil es keine Finsternis mehr gibt, die er nicht hell machen könnte. Weil er all unsere Unfruchtbarkeit wandelt, damit auch wir immer neu gute Früchte hervorbringen in allen Lebenslagen, so aussichtslos sie auch sein mögen.

Fürbitten

Elisabet sagt voll Freude: Der Herr hat mir geholfen. Auch wir glauben hoffnungsvoll, dass Gott für uns eintreten wird und uns zur Seite steht. Zu Gott, der seinen Boten zu Zacharias gesandt hat, beten wir:

- Für alle Menschen, die nicht offen sind für Gottes Gegenwart in dieser Welt, die sich von ihm nicht überraschen lassen wollen.
- Für alle, die in diesen Tagen noch nicht für Weihnachten vorbereitet sind und denen noch die innere Ruhe fehlt, um Gott in sich eine Wohnung zu bereiten.
- Für alle, die Gott durch ihr Leben und Handeln in dieser Adventszeit einen Weg in dieser Welt bahnen.
- Für alle, die sich hier in unserer Gemeinde haupt- und ehrenamtlich engagieren und die sich dafür einbringen, dass wir etwas von der Freude an Gott spüren können.
- Für alle, die aus dieser Zeit in die Ewigkeit gerufen wurden.

Gott, du bist die Kraft, aus der wir leben. Du schaust auf unser Leben und befreist uns vor allem, was unseren Alltag schwer macht. Dir danken wir in Ewigkeit.

Meditation

Gott will, dass wir Menschen leben und Leben haben.
Er führt und begleitet seine Schöpfung so,
dass sich das Leben in ihr entfalten kann.
Gerade dort,
wo wir menschlich keinen Ausweg mehr sehen,
greift Gott ein.
Dort schafft er einen Neubeginn,
dort setzt er ein neues Lebenszeichen:
Abraham ist kinderlos,
doch noch im hohen Alter wird ihm Nachwuchs geschenkt.
Auch Hanna, die Mutter Samuels,
leidet lange unter ihrer Kinderlosigkeit.
Gott schenkt auch ihr einen Sohn.
Alter und Kinderlosigkeit zeigen:
Hier ist alles am Ende,
hier gibt es keine Aussicht auf Zukunft mehr.
Doch gerade hier
zeigt sich Gottes Lebensliebe am deutlichsten:
Er schafft Hoffnung für sein Volk,
er sendet Retter.
Auch und gerade dort,
wo scheinbar alles am Ende ist.

20. Dezember

Lesung: Jes 7,10–14; Evangelium: Lk 1,26–38

Zur Eröffnung: GL 220,1.5 (Die Nacht ist vorgedrungen)

Einführung

»Gott will im Dunkel wohnen«, heißt es im Adventslied von Jochen Klepper. Der Gedanke, dass Gott unter den Menschen wohnen will, begegnet uns schon in der Bibel. Die Offenbarung des Johannes lenkt unseren Blick auf die neue Schöpfung, in der Gott alles in allem sein wird. Gott wohnt mitten unter den Menschen und sie dürfen ihn von Angesicht zu Angesicht schauen. Er ist ihnen nicht fern. Er ist da, so, wie er es schon immer verheißen hat. Im heutigen Tagesgebet wird Maria als »Wohnstatt Gottes« bezeichnet. Ja, Gott hat einmal unter uns gewohnt, er hat in unserer Welt bereits sein Zelt aufgeschlagen. Das ist das Geheimnis der Weihnacht, das wir in wenigen Tagen feiern: dass Gott nicht erst in einer fernen Zukunft unter uns Menschen Wohnung nimmt. Sondern dass er es schon getan hat, dass er schon unser Schicksal geteilt hat, weil er einer von uns geworden ist. Das schenkt uns Hoffnung und Zuversicht, sein Kommen am Ende der Tage zu erwarten.

Kyrie-Rufe

Herr Jesus Christus, du Schlüssel Davids.
Du öffnest uns die Tore des ewigen Reiches.
Du schließt uns den Kerker der Finsternis auf.

Impuls für eine kurze Predigt

Wie wichtig Begegnungen sind, ist vielen von uns in der Zeit der Pandemie wieder neu bewusst geworden. Weihnachten unter Corona-Bedingungen zu feiern, das hieß auch: auf Begegnungen mit Menschen zu verzichten, um Ansteckungen zu vermeiden, um andere und sich selbst zu schützen. Viele mussten damals allein Weihnachten feiern; viele mussten erleben, was Einsamkeit in diesen heiligen Tagen bedeutet. Und manch einer hat es wieder mehr zu schätzen gelernt, wenn man den Mitmenschen uneingeschränkt begegnen darf.

Von einer Begegnung der besonderen Art haben wir eben im Evangelium gehört: Maria und der Engel treffen zusammen. Das hat schon etwas Eigentümliches an sich, denn wie überraschend muss es sein, wenn Gottes Bote plötzlich in den eigenen Alltag einbricht. Diese Begegnung hinterlässt Spuren. Maria wird schwanger, sie trägt das Kind Gottes in ihrem Schoß. Aber daneben ist noch etwas anderes bedeutsam: Maria ist ganz offen für Gott, sie vertraut ihm ihr ganzes Leben an, sie legt ihre eigene Existenz ganz in die Hand Gottes hinein. Die Begegnung mit dem Engel weckt Vertrauen. Sein »Fürchte dich nicht« ist ernstgemeint: Wer es mit Gott zu tun bekommt, der braucht keine Angst vor dem Morgen mehr zu haben. Er oder sie kann sich ganz und gar fallen lassen.

Maria traut den Worten des Engels und sie vertraut auf Gottes fürsorgende Nähe. So kann sie zur Mutter seines Sohnes werden. Nicht, weil sie sich durch etwas auszeichnen oder von anderen Mädchen aus Israel abheben würde. Das Entscheidende ist: Sie hat den Mut, sich ganz auf Gott einzulassen. So wird sie zur Wohnung seines Sohnes. Oder, wie es Martin Buber einmal so treffend ausgedrückt hat: »Gott wohnt, wo man ihn einlässt.« Wo wir den Mut haben, unser ganzes Leben auf Gott zu werfen und uns in seine Hand fallen zu lassen, dort können auch wir Gott zur Wohnung werden.

Fürbitten

Für Gott ist nichts unmöglich. Er kommt in unsere Welt, er will in unserer Zeit Mensch werden. Zu ihm, den unsere Anliegen bewegen, beten wir:

- Wir beten für die Menschen, die auf Gottes Wort hören und sich auf seinen Ruf einlassen.
- Wir beten für die Menschen, die noch mit sich ringen, ob sie auf den Anruf Gottes wirklich reagieren sollen.
- Wir beten für die Menschen, die Angst haben, sie könnten etwas verlieren, wenn sie sich für ein Leben mit Gott entscheiden.
- Wir beten für die Menschen, die in dieser Adventszeit kein offenes Herz haben für die Nöte und Sorgen ihrer Mitmenschen.
- Wir beten für die Menschen, die uns schon vorausgegangen sind im Glauben und die in Gottes Frieden ruhen.

Herr, unser Gott, du bist auch uns in unserem Leben nahe. Du begleitest uns auf unseren Lebenswegen und beschenkst uns immer neu mit deiner Gegenwart. Dafür loben wir dich, dafür danken wir dir, heute und in Ewigkeit.

Meditation

Wer berufen ist, Gottes Bote in dieser Welt zu sein,
ist auch von Anfang an von Gott
für diesen Auftrag vorbereitet.
Im Alten Testament hören wir davon immer wieder:
Isaak, Simson oder Samuel
sind die großen Gestalten, die von Gott berufen sind.
Heute begegnet uns Johannes der Täufer:
Auch er ist schon im Schoß seiner Mutter
Gott geweiht.
Die Geburtsgeschichten, die wir in diesen Tagen hören,
bereiten uns auf die Geburt Jesu vor.
Doch während diese Menschen
voll des Heiligen Geistes sind,
ist das Kind der Jungfrau Maria
vom Heiligen Geist empfangen.
Er ist der Sohn des Höchsten,
der Messias,
der Retter der Welt.

21. Dezember

Lesung: Hld 2,8–14 o. Zef 3,14–17; Evangelium: Lk 1,39–45

Zur Eröffnung: GL 230 (Gott, heilger Schöpfer aller Stern)

Einführung

Die Adventszeit hat immer eine doppelte Ausrichtung: Wir bereiten uns auf das Weihnachtsfest vor, an dem wir feiern, wie Gott vor über 2000 Jahren in diese Welt gekommen ist. Er ist für uns Mensch geworden in seinem Sohn Jesus Christus. Aber wir blicken nicht nur in die Vergangenheit, sondern auch in die Zukunft: Denn wir erwarten, dass Christus wiederkommt, dass er am Ende der Tage das Gottesreich vollendet und die neue Schöpfung aufrichtet. Unser ganzes Leben ist daher adventlich geprägt: An allen Tagen unseres Daseins blicken wir aus nach Christus, der wiederkommt, um die Welt endgültig zu erlösen und vom Bösen zu befreien. Diese Perspektive bringt auch das Tagesgebet zum Ausdruck: Zwischen dem Kommen Christi in unserem Fleisch und seinem Kommen in Herrlichkeit stehen wir heute als betende und bittende Menschen. Gott schenkt uns seine Gegenwart. Nicht nur damals und in Zukunft, sondern auch heute, an diesem 21. Dezember.

Kyrie-Rufe

Herr Jesus Christus, du Morgenstern.
Du Glanz des unversehrten Lichtes.
Du erleuchtest, die im Todesschatten sitzen.

Impuls für eine kurze Predigt

Wann freuen sich die Kinder an diesen Tagen am meisten? Natürlich wenn am Heiligabend die Tür zum Weihnachtszimmer aufgeht und sie den reich geschmückten Christbaum erblicken. Und wenn das Christkind dann noch die richtigen Geschenke gebracht hat, ist das Christfest gerettet! Freudestrahlend sitzt dann so manches Kind unter dem Baum und kann sich nicht sattsehen am Reichtum, den uns diese Tage schenken.

Worüber freuen wir uns an Weihnachten? Das heutige Tagesgebet gibt darauf eine klare Antwort: »Gnädiger Gott, du erfüllst uns mit Freude über das Kommen deines Sohnes in unserem Fleisch.« Grund unserer Weihnachtsfreude ist Christus, das Krippenkind. Nicht Geschenke, Christbaum oder Essen sind in diesen Tagen entscheidend, sondern das Kind in der Krippe. Davon haben wir auch im Evangelium gehört: Als Maria Elisabet begegnet, da hüpft das Kind vor Freude in ihrem Leib. Johannes freut sich, weil er Christus begegnen darf! Ja, wer mit Gott zusammentrifft, der in seinem Sohn Mensch wird, der kann doch gar nicht anders, als von unsagbarer Freude ergriffen zu werden.

»Juble, Tochter Zion! Jauchze, Israel! Freu dich und frohlocke von ganzem Herzen«, so hebt die Lesung aus dem Propheten Zefanja an. Wenn Gott in die Welt kommt, wenn man ihm begegnen darf, dann kann man gar nichts anderes tun als sich freuen. Lassen wir uns ein auf die Weihnachtsfreude, die uns in diesen Tagen wieder geschenkt wird. Öffnen wir uns für die Begegnung mit Gott in seinem Sohn Jesus Christus und lassen wir unser Herz voll werden vom Jubel und vom Lobgesang, der in diesen weihnachtlichen Tagen wieder überall zu spüren ist.

Fürbitten

Christus, der Herr, erleuchtet alle Menschen, die in Finsternis sitzen und im Schatten des Todes. Zu ihm, dessen österliches Licht auch unsere Lebensnacht erhellt, beten wir voll Vertrauen:

- Für alle Menschen, die Gott in diesem Advent voller Sehnsucht suchen und nach seiner Präsenz in unserer Welt Ausschau halten.
- Für alle Getauften, die seit ihrer Taufe zu einem königlichen, priesterlichen und prophetischen Amt in der Kirche bestellt sind.
- Für alle Kranken und Notleidenden, die besonders in diesen vorweihnachtlichen Tagen auf Gesundheit hoffen.
- Für alle, die sich für den Schutz und die Bewahrung der Schöpfung einsetzen und so Gott einen Weg in diese Welt bereiten.
- Für alle unsere Verstorbenen, derer wir in einem Augenblick der Stille gedenken wollen. ...

Herr Jesus Christus, du bist der Morgenstern, dessen Glanz alle Finsternis zerreißt. Komm und erleuchte unser Leben, damit wir dich preisen und dir danken in alle Ewigkeit.

Meditation

Maria hat das Wort des Herrn angenommen.
Die Freude, die ihr selbst vom Herrn geschenkt wurde,
trägt sie nun weiter.
Maria ist die Erste der Erlösten,
sie ist Vorbild und Urbild der Kirche.
Von ihr können wir etwas für unser
eigenes christliches Leben lernen:
Auch wir sind von Gottes Wort Beschenkte,
auch wir sollen freudig weitererzählen,
was wir selbst empfangen haben.
So hören wir in der Heiligen Nacht
von der Verkündigung an die Hirten:
Die Freude über die Menschwerdung Gottes
soll allen Menschen zuteilwerden.
Heute sind wir die Boten dieser Freude.

22. Dezember

Lesung: 1 Sam 1,24–28; Evangelium: Lk 1,46–56

Zur Eröffnung: GL 395 (Den Herren will ich loben)

Einführung

Ist da jemand, der Interesse hat an unserem Schicksal? Den bewegt, was wir erleben? So fragen wir Menschen manchmal. Und wir tun es besonders dann, wenn wir alleingelassen und einsam sind. Wenn wir den Eindruck haben, dass es letztlich egal ist, was wir machen, weil es sowieso keinen interessiert. »Gott, du hast die Not des Menschen gesehen«, beten wir im Tagesgebet. Gott sieht die Menschen, Gott nimmt wahr, was sich auf dieser seiner Erde abspielt. Gott distanziert sich nicht von seiner Schöpfung, er bleibt ihr in Liebe zugewandt. Auch dann, wenn wir meinen, dass keiner sich für unser Leben interessiert: Gott ist da. Er schaut auf uns, er weiß darum, was uns bewegt und bedrückt, was uns freut und glücklich macht. Er beschenkt uns mit seiner Gegenwart, damit wir zu ihm finden und durch ihn zu den Menschen, mit denen wir unseren Alltag erleben.

Kyrie-Rufe

Herr Jesus Christus, du König aller Völker.
Herr Christus, du Eckstein deiner Kirche.
Herr Jesus Christus, du errettest den Menschen,
aus Erde gebildet.

Impuls für eine kurze Predigt

Advent und Weihnachten sind jene Zeiten im Jahr, in denen viel gesungen wird. Es gibt viele schöne und bekannte Lieder, die wir schon seit Kindertagen kennen. Viele von ihnen gehören zu diesen heiligen Zeiten einfach dazu: »Macht hoch die Tür, die Tor macht weit« oder »Wir sagen euch an den lieben Advent«. Und was wäre ein Weihnachtsfest ohne »Stille Nacht« und »O du fröhliche«?

Auch Maria kann sich dieses Sogs zum Singen nicht erwehren. Als sie mit Elisabet, ihrer Verwandten, zusammentrifft, da beginnt sie zu singen. Sie stimmt ein Lied an, das bis heute nicht verklungen ist. Das »Magnificat« Mariens gehört zur Tagzeitenliturgie und wird jeden Tag in der Vesper gesungen. Über 2000 Jahre ist dieses Lied alt und hat bis heute nichts von seiner Aktualität verloren.

Unser Leben ist geprägt von vielerlei Gegensätzen: arm und reich, groß und klein, hoch und niedrig, wichtig und unbedeutend usw. Nicht selten haben wir den Eindruck, wir würden dabei immer auf der falschen Seite stehen. Und tatsächlich erleben wir viele Ungerechtigkeiten am eigenen Leib. Auch Maria ist es nicht anders ergangen. Sie selbst weiß um ihre Niedrigkeit – sie ist ja ein einfaches, junges Mädchen aus dem unbekannten Dorf Nazaret. Aber Maria ist erfüllt von einer Hoffnung: Sie kennt die Verheißungen der Propheten, sie weiß um den Ausblick auf die kommende Welt, welchen die Altvorderen verkündet haben. Davon singt Maria. Sie weiß, dass diese Heilszeit jetzt angebrochen ist. Maria jubelt über Gott, und sie hat allen Grund dazu. Denn sie trägt seinen Sohn in ihrem Schoß, ihn, der Gerechtigkeit und Barmherzigkeit leben wird. Ihn, der Partei ergreift für die Menschen, die am Rand stehen und von der

Gesellschaft ausgestoßen sind. Ihn, der in einem einfachen Stall in Betlehem geboren werden will und den Jerusalemer Königspalast links liegen lässt. Von einem solchen Gott singt Maria. Und wir dürfen einstimmen in ihr Hoffnungslied, mit ihr zusammen jubeln und Gott preisen, weil er sich unser annimmt, um uns von aller Not zu befreien.

Fürbitten

Gott stürzt die Mächtigen vom Thron und erhöht die Niedrigen. Gott hört die Gebete der Menschen, die zu ihm rufen. Vor dem Angesicht des allmächtigen Gottes, dessen Größe Maria preist, stehen wir und beten:

- Wir beten für alle, die in Kirche und Welt Verantwortung tragen.
- Wir beten für alle, die in diesem Advent Gott in seinem Sohn Jesus Christus begegnen wollen.
- Wir beten für alle, die sich danach sehnen, dass Weihnachten ein Fest der Freude und der gegenseitigen Wertschätzung wird.
- Wir beten für alle, die unter Ungerechtigkeit in unserer Gesellschaft zu leiden haben und die sich nach tiefgreifenden Veränderungen sehnen.
- Wir beten für alle Trauernden und alle Toten dieser Tage, dass sie Trost finden bei dir.

Gott, dein Kommen in unsere Welt macht unser Leben froh. Zusammen mit Maria dürfen wir einstimmen in deinen Lobgesang: Unsere Seelen preisen dich, denn du bist uns nahe an allen Tagen dieser Welt, bis in Ewigkeit.

Meditation

Maria preist die Größe Gottes.
Voller Dankbarkeit über das Geschenk,
das sie erhalten hat, bekennt sie:
Gott ist wirklich der Retter!
Er ergreift die Initiative für seine Schöpfung.
Dieses Lob Mariens hallt in der Kirche wider:
In jedem Gottesdienst versammeln wir uns,
um Gott zu loben und zu preisen
und ihm für seine Gegenwart zu danken.
Wir haben allen Grund zu solchem Dank:
Denn Gott wird Mensch für uns,
damit wir Menschen
Gott immer ähnlicher werden können.

23. Dezember

Lesung: Mal 3,1–4.23–24; Evangelium: Lk 1,57–66

Zur Eröffnung: GL 422
(Ich steh vor dir mit leeren Händen, Herr)

Einführung

Wo ist Gott? Diese Frage beschäftigt uns manchmal; sie drängt sich uns vor allem in den Situationen auf, in denen wir seine Nähe am meisten bräuchten. Aber gerade dann spüren wir seine Gegenwart oft am wenigsten. Wo ist Gott? Wohnt Gott irgendwo im Himmel? Thront er irgendwo fern von unserer Erde auf seinem göttlichen Thron? Auch in unserer Bibel gibt es viele Vorstellungen davon, wo Gott seinen Wohnsitz hat, wo er sich finden lässt. Wo ist Gott? Der Name, den Maria ihrem Sohn geben soll, gibt auf diese Frage eine sehr deutliche Antwort: Immanuel – Gott ist mit uns. Gott geht unsere Menschenwege mit, er teilt unser Menschenlos, in seinem Sohn wird er einer von uns. Endlich braucht uns die Frage nach der Gegenwart Gottes nicht mehr zu bedrücken. Denn in Jesus wissen wir: Was auch immer uns widerfährt, welche Wege auch immer wir zu gehen haben – Gott geht mit uns, er begleitet uns, er ist an unserer Seite. Das zeigt uns das Krippenkind, der Immanuel, der Gott, der mit uns ist.

Kyrie-Rufe

Herr Jesus Christus, du bist der Immanuel, der Gott mit uns.
Herr Christus, du bist unser König und Lehrer.
Herr Jesus Christus, du schaffst uns Hilfe.

Impuls für eine kurze Predigt

Wir sind am Ende! – Wir sind am Ende der diesjährigen Adventszeit angelangt. Nur noch ein Türchen am Adventskalender gilt es zu öffnen. Nur noch eine Nacht zu schlafen, bis das große Fest endlich da ist. Wir sind auch am Ende unseres Alten Testaments angekommen: Die Lesung aus dem Prophetenbuch Maleachi, die wir eben gehört haben, ist der allerletzte Text, den wir in unserem Alten Testament finden. An diesem 23. Dezember sind wir am Ende angelangt.

Doch nach jedem Ende kommt immer ein neuer Anfang: Wenn die Adventszeit endet, beginnt die Weihnachtszeit. Und wenn wir im Alten Testament die letzte Seite gelesen haben, muss man nur umblättern, um im Neuen Testament zu landen. Aber solche Übergänge vom Alten zum Neuen brauchen Zeit. Und es tut gut, Menschen zu haben, die uns in solchen Zeiten des Hinübergangs begleiten.

Von einer solchen Person spricht der Prophet Maleachi: »Seht, ich sende meinen Boten; er soll den Weg für mich bahnen.« Die christliche Tradition identifiziert diesen Boten mit Johannes dem Täufer, von dem wir im Evangelium gehört haben. Er ist so eine Person des Übergangs. Eigentlich ist er ein Prophet wie die anderen alttestamentlichen Propheten auch. Aber er steht an der Schwelle zum Neuen Testament, denn er darf den Messias, Christus, schauen. Er darf sein Kommen in diese Welt unmittelbar ankündigen. Es ist als wolle uns Johannes an der Hand ergreifen und uns hinüberführen in die neue Zeit, die mit der Geburt Christi im Stall von Betlehem begonnen hat.

Es ist etwas zu Ende, aber es fängt auch etwas Neues an: An einem solchen Übergangstag stehen wir heute. Lassen wir uns von Johannes führen. Mit ihm ist die Hand des Herrn. Wir dürfen vertrauen, dass er uns Christus entgegenführt, auf dessen Ankunft in unserer Welt wir uns in diesen adventlichen Wochen vorbereitet haben. Wir sind am Ende – aber wir stehen auch mitten in einem neuen Anfang.

Fürbitten

Jesus Christus ist der Immanuel, der Gott, der unser Leben teilt. Zu Christus, dem nichts Menschliches fremd ist, kommen wir mit unseren Fürbitten und beten:

- Wir beten für alle Christen um Offenheit, damit sie die Zeichen der Zeit im Licht des Evangeliums deuten können.
- Wir beten für alle, die in der Seelsorge tätig sind, dass sie dein Wort hören und es den Menschen voll Freude weitersagen.
- Wir beten für unsere jüdischen Geschwister im Glauben, die in diesen dunklen Tagen das Chanukka-Fest begehen.
- Wir beten für alle Völker, die verfeindet sind und miteinander Krieg führen, dass sie erfüllt werden vom Geist der Einsicht, der zusammenführt, was getrennt ist.
- Wir beten für unsere Verstorbenen und bringen besonders jene Menschen im Gebet vor Gott, die in diesen Tagen um sie trauern.

Komm, Herr Jesus, eile und schaffe uns Hilfe! Denn auf deine Hilfe vertrauen wir, an deine Nähe glauben wir; deine Ankunft in unserer Welt erhoffen wir heute und in Ewigkeit.

Mediation

»Seht, ich sende meinen Boten«,
heißt es beim Propheten Maleachi.
Und im Lukasevangelium lesen wir
von der Geburt des Täufers Johannes.
Unmittelbar vor der Heiligen Nacht
erzählt Lukas die Ereignisse
um die Geburt des Täufers.
Er soll den Namen Johannes erhalten.
Das ist gegen den damaligen Brauch,
denn so hat noch keiner in der Familie geheißen.
So ist auch der Name des Johannes ein Zeichen:
Etwas ganz Neues kommt in die Welt,
eine neue Zeit bricht an.
Gott wird Mensch –
der Neue Bund ist aufgerichtet.

24. Dezember (am Vormittag)

Lesung: 2 Sam 7,1–5.8b–12.14a.16; Evangelium: Lk 1,67–79

Zur Eröffnung: GL 384 (Hoch sei gepriesen unser Gott)

Einführung

Weihnachten beginnt für die meisten Menschen an diesem 24. Dezember, dem Heiligabend. Aber noch stehen wir in der Adventszeit, noch tragen wir die violetten Gewänder, noch brennen die vier Kerzen am Adventskranz. Doch der Eröffnungsvers des heutigen Gottesdienstes weist uns schon darauf hin, dass bald etwas ganz anderes ansteht: »Nun ist die Fülle der Zeit gekommen, da Gott seinen Sohn in die Welt sendet.« Jetzt ist sie da, die Fülle der Zeit. Heute ist es so weit.

Die Verheißungen der Propheten, die wir im Advent gehört haben, sprachen häufig von »jenen Tagen« oder von »jener Zeit«. Die Liturgie des heutigen Tages sagt uns: Diese zukünftigen Tage sind jetzt, sie beginnen heute. Weihnachten steht unmittelbar vor der Tür. Gott kommt in unsere Welt, nicht irgendwann in ferner Zukunft: Er ist schon da, er ist schon in unserer Mitte gegenwärtig. Er beschenkt uns mit seiner Gegenwart, jetzt, in dieser heiligen Stunde.

Kyrie-Rufe

Herr Jesus Christus, du Glanz des unversehrten Lichtes.
Du strahlende Sonne der Gerechtigkeit.
Du erleuchtest alle Menschen, die in Finsternis sitzen.

Impuls für eine kurze Predigt

»Sage, wo ist Betlehem? Wo die Krippe? Wo der Stall?« Mit diesen Worten beginnt ein weihnachtliches Lied aus der Feder von Rudolf Otto Wiemer. Und die Fragen, die am Anfang jeder Strophe aufgerissen werden, münden in die Feststellung: »Betlehem ist überall.«

Wenn wir an diesem Morgen des 24. Dezember miteinander Gottesdienst feiern, sind wir innerlich schon ein Stück weiter. Wir stehen noch in der Adventszeit und sind doch schon weihnachtlich eingestellt. Das meiste ist für das Fest schon vorbereitet. Die Krippe ist schon aufgebaut, der Christbaum geschmückt, das Festessen wartet auf seine Zubereitung. Wir sind auf dem Weg nach Betlehem und wissen, dass wir noch in dieser Nacht an der Krippe ankommen, um das Kind zu sehen und anzubeten.

Aber wo liegt dieses Betlehem eigentlich? Aus einer geographischen Perspektive fällt die Antwort leicht: Betlehem ist eine Stadt in Palästina. Doch reicht es, ein Ereignis zu feiern, das sich irgendwo fern von uns in grauer Vorzeit ereignet hat?

Der heutige Eröffnungsvers weist uns auf etwas anderes hin: »Nun ist die Fülle der Zeit gekommen.« Es geht um das Heute. *Jetzt* ist der Zeitpunkt X gekommen. Und damit ist *unser* Leben gemeint, so, wie wir uns jetzt zum Gottesdienst versammelt haben. Betlehem liegt eben nicht nur in Palästina. Gott ist nicht nur irgendwann vor 2000 Jahren Mensch geworden. Seine Menschwerdung ereignet sich heute noch! Er will dort Mensch werden, wo wir uns für seine Gegenwart öffnen, wo wir ihm in unseren Herzen eine Wohnung bereiten. Weihnachten verändert unser Leben, weil es unmittelbar mit uns zu tun hat. Wir feiern nicht in Nostalgie, weil es so schön ist, von früher zu erzählen. Wir feiern Weihnachten, weil sich dadurch etwas verändert, weil dadurch unser Leben ein anderes geworden ist. Wo liegt Betlehem? Jeder und jede von uns hat sein eigenes Betlehem, seinen eigenen Stall, seine eigene Krippe. Bereiten wir sie vor, damit Gott auch bei uns Mensch wird. Damit sein weihnachtliches Licht auch unser Leben erleuchtet und unseren Alltag hell macht.

Fürbitten

Gepriesen sei der Herr, der Gott Israels, der diese Welt durch seine Ankunft geheiligt hat. Zu ihm, der auch unser Leben heiligen und von aller Schuld befreien will, beten wir:

- Für die Kirche: dass sie nicht müde werde, allen Menschen das Evangelium zu verkünden.
- Für unsere Gemeinde: dass Menschen durch unser Zeugnis Hoffnung und Zuversicht schöpfen können.
- Für alle, die sich für Frieden und Gerechtigkeit einsetzen: dass sie Mut haben, dort einzuschreiten, wo Unrecht geschieht.
- Für alle, die in diesen Tagen Weihnachten feiern: dass sie den Segen des menschgewordenen Gottes durch ihr Lebenszeugnis in diese Welt weitertragen.
- Für unsere Toten: dass sie durch Christus zum ewigen Leben auferstehen.

Gott, unser Herr, auf dich ist unser Leben ausgerichtet. Auf dich vertrauen wir, was auch geschehen mag, denn du wirst uns erlösen. Dafür preisen wir dich in alle Ewigkeit.

Meditation

Gott ist treu, er erfüllt seine Verheißungen;
in allem, was geschieht, wird offenbar,
dass er Barmherzigkeit und Liebe ist.
In der ganzen Adventszeit haben wir
diese Verheißungen der Propheten gehört.
Im Lobgesang des Zacharias hallen sie nach.
Aber Zacharias spricht nicht mehr von »jenen Tagen«,
für ihn ist das künftige Heil schon da:
Johannes ist der Prophet des Höchsten,
der dem Herrn vorangeht, um ihm den Weg zu bereiten.
Das aufstrahlende Licht aus der Höhe
ist schon da.
Die heilvolle Zukunft beginnt heute:
Heute ist euch in der Stadt Davids
der Retter geboren.

II.
Fest- und Gedenktage in der Adventszeit

Besondere Anlässe

3. Dezember – Heiliger Franz Xaver

Lesung: 1 Kor 9,16–19.22–23; Evangelium: Mk 16,15–20

Zur Eröffnung: GL 449 (Herr, wir hören auf dein Wort)

Einführung

»So gründet der Glaube in der Botschaft, die Botschaft aber im Wort Christi« (Röm 10,17): So schreibt es der Apostel Paulus der Gemeinde in Rom. Mit anderen Worten könnte man auch sagen: Der Glaube kommt vom Hören. Aus der Verkündigung des Gotteswortes, aus dem Weitersagen der Frohen Botschaft können Menschen für den Glauben gewonnen werden. Deswegen braucht es immer mutige Zeugen, die das Evangelium verkünden und die etwas von Gott und seinem Sohn Jesus Christus erzählen. Einen solchen Glaubensboten feiert die Kirche heute: Es ist Franz Xaver, der ursprünglich aus Spanien stammt und sich 1533 mit Ignatius von Loyola zusammenschloss, der den Jesuitenorden gründete. Sein Weg führte Franz Xaver nach Asien, wo er in Indien, Japan und China das Evangelium predigte. Am 3. Dezember 1552 ist er in China gestorben.

Kyrie-Rufe

Herr Jesus Christus, du hast uns die Botschaft vom nahegekommenen Gottesreich verkündet.
Du hast Kranke geheilt und den Leidenden die Hände aufgelegt.
Du bist erhöht zur Rechten des Vaters und thronst in seiner Herrlichkeit.

Impuls für eine kurze Predigt

Wann haben Sie das letzte Mal einem Menschen von Gott erzählt? – Es ist ganz gut, wenn wir uns diese Frage einmal zu Herzen nehmen. Denn vielfach hat man den Eindruck, dass es vielen Menschen schwerfällt, über ihren Glauben zu reden. Selbst diejenigen, die in der Kirche engagiert sind, die sich im Gottesdienst einbringen, tun sich schwer, freimütig von Gott zu erzählen. Vielleicht ist es ein Zeichen unserer Zeit, dass es nicht opportun ist, mit seinem Glauben hausieren zu gehen. Die Gründe dafür können vielfältig und verschieden sein. Aber einer der gewichtigeren ist sicherlich der: In einer zunehmend säkularen Umwelt wird man schnell schief angeschaut, wenn man sich als Gläubiger »outet«. Menschen, die an Gott glauben, werden in unserer Welt zunehmend zu Exoten.

Die heutige Liturgie stellt uns drei Menschen vor Augen, die sich nicht gescheut haben, von Gott zu erzählen. Da ist zunächst Franz Xaver, der Heilige des heutigen Tages: Bis ins ferne Asien ist er gekommen und hat dort die christliche Botschaft verkündet. Dass er dabei immer auf Gegenliebe und offene Herzen gestoßen ist, ist ziemlich schwer vorstellbar. Da ist der Apostel Paulus, von dem wir wissen, dass er zahlreiche Reisen unternommen hat, um das Evangelium

»bis an die Grenzen der Erde« zu verkünden. Auch diese Missionen waren nie gefahrlos. In der Apostelgeschichte erzählt Paulus, wie er Schiffbruch erlitten hat und nur um Haaresbreite mit dem Leben davongekommen ist. Und da ist Jesus selbst, dessen ganzer Lebensinhalt es war, den Menschen ein Beispiel von Gottes unendlicher Lebensliebe zu geben. Wir wissen, auf wie viel Widerstand Jesus gestoßen ist. Seine Predigt hat ihn am Ende das Leben gekostet.

Erzählen wir unseren Mitmenschen von Gott! Fassen wir uns immer wieder ein Herz, das Evangelium weiterzusagen! Auch, wenn wir dabei auf Widerstand und Ablehnung stoßen. Es nützt doch nichts, immer nur zu jammern, wie wenige Menschen noch zu unseren Gottesdiensten kommen. Wir müssen schon auch selbst etwas tun, um unsere Mitmenschen vom Glauben zu überzeugen. Wir stehen in der Nachfolge Jesu – aber auch in der Nachfolge des Apostels Paulus und des heiligen Franz Xaver. Sie lehren uns, Boten der Frohbotschaft zu sein. Von ihnen können wir lernen, das Evangelium mit Leben zu erfüllen. Furchtlos und mit großem Freimut, so, wie es uns Jesus, Paulus und Franz Xaver vorgelebt haben.

Fürbitten

Jesus Christus ist bei uns an allen Tagen bis zum Ende dieser Welt. Im Vertrauen auf sein Mitgehen durch die Zeit wenden wir uns an ihn und tragen ihm unsere Fürbitten vor:

- Wir beten für alle, die sich in den Dienst am Evangelium gestellt haben und es mit Freimut und Engagement verkünden.
- Wir beten für alle, die in unserer Welt Verantwortung tragen und sich dafür einbringen, dass Menschen menschenwürdig leben können.
- Wir beten für die Christen in allen Ländern Asiens, dass sie ihren Glauben ohne Benachteiligungen leben können.
- Wir beten für alle, die sich in verschiedenen Hilfsaktionen dafür einsetzen, dass es Menschen besser geht.
- Wir beten für unsere Verstorbenen.

Herr Jesus Christus, auch heute berufst du Menschen, in deiner Nachfolge zu leben. Wir danken dir, dass du uns in der Taufe als Gottes geliebte Kinder erwählt hast. Dich loben wir in Ewigkeit.

Meditation

Vom heiligen Franz Xaver stammt das Wort:
»Herr! Siehe, hier bin ich.
Was willst du, dass ich tun soll?
Sende mich, wohin du willst,
und wenn es gut ist,
selbst bis nach Indien.«
So dürfen auch wir Gott bitten:
Herr, hier sind wir.
Sende uns dorthin, wo du uns willst und brauchst.
Dir vertrauen wir unser Leben an.

4. Dezember – Heilige Barbara

Lesung: Röm 8,31b–39; Evangelium: Mt 10,34–39

Zur Eröffnung: GL 450
(Gottes Wort ist wie Licht in der Nacht)

Einführung

Wer aus einer Region kommt, in der Bergbau betrieben wurde oder wird, kennt sie: die heilige Barbara. Sie wird besonders als Schutzfrau der Kumpel verehrt. Aber ihr Gedenktag ist noch mit einem anderen Brauch verbunden: dem Schneiden der Barbarazweige. Ein Obstgehölz, das mitten im tiefsten Winter blüht und Knospen treibt – das ist ein Bild für Weihnachten: Das neue Leben kommt in die Welt, mitten in der Dunkelheit und Traurigkeit, die wir in unserem Alltag oft erfahren müssen. Gottes Wort wird Fleisch, Gottes Leben kommt in die Welt: Darauf bereiten wir uns in diesen adventlichen Tagen vor. Die heilige Barbara zeigt uns, wie das gehen kann: Eingesperrt in einen Turm hat sie nicht vom Glauben abgelassen. Ihr Vertrauen, dass Gottes Lebenslicht stärker ist als alle Dunkelheit der Welt, hat sie getragen und befreit.

Kyrie-Rufe

Herr Jesus Christus,
du rufst uns in deine Kreuzesnachfolge.
Mit dir können wir das Leben gewinnen.
Du bist unser Leben und unser Friede in Ewigkeit.

Vorschlag für eine Predigt

Das Leben lässt sich nicht aufhalten.
Wenn Menschen wirklich leben wollen, dann finden sie immer einen Weg, diesem Lebenswillen Ausdruck zu verleihen. Es gibt so viele Gelegenheiten, an denen deutlich wird, wie sehr wir Menschen an unserem Leben hängen und dieses Leben in vollen Zügen genießen wollen: Feste und Feiern sind Zeichen für diesen unbändigen Drang nach Leben. Wenn wir zum Beispiel Geburtstage feiern, dann rücken wir nicht nur eine bestimmte Person in den Mittelpunkt. Feiern ist vielmehr ein Ausdruck dafür, das Leben zu genießen und zu zeigen, wie sich das Leben gerade in solcher Ausgelassenheit entfalten kann.

Das Leben lässt sich nicht aufhalten.
Ein sprechendes Symbol dafür sind auch die Zweige, die viele Menschen heute von den Obstbäumen abschneiden. Am Festtag der heiligen Barbara ist es Tradition, solche Zweige in die Wohnung zu stellen. Auf den ersten Blick sehen solche Zweige leblos aus, tot. Die ganze Natur wirkt in dieser Winterzeit wie erstorben. Das Leben zieht sich zurück. Nur Weniges spielt sich in dieser Zeit draußen ab. Die meisten Menschen halten sich viel lieber drinnen auf, in ihren Häusern und Wohnungen. In der »heimeligen Advents-

zeit« ist es daheim am wärmenden Ofen viel angenehmer als draußen in der bitteren Kälte. Das Leben zieht sich zurück. Am ehesten erkennt man das auch an den Barbarazweigen: Das Leben der Bäume ist äußerlich nicht sichtbar, es ist in ihr Inneres zurückgezogen. Drinnen in den Bäumen und Ästen ist Leben – aber von außen ist es nicht erkennbar. Außen tot, innen das Leben: So könnte man die Barbarazweige am ehesten zusammenfassen.

Das Leben lässt sich nicht aufhalten.
So ist es auch der heiligen Barbara selbst ergangen: Aufgrund ihres christlichen Glaubens sei sie von ihrem Vater hingerichtet worden, erzählt die Legende. Christwerden, das war in der Zeit, in der Barbara lebte, noch etwas, für das man bestraft wurde. Das Christentum war im römischen Reich noch nicht Staatsreligion geworden. Und dennoch lässt sich Barbara von Christus rufen und sie willigt in diesen Ruf mit ihrem ganzen Leben ein. Sie verleugnet ihre Beziehung zu Christus nicht, weil es vielleicht opportun wäre oder weil es ihr Leben vor dem Tod bewahrt hätte. Barbara nimmt alles in Kauf, was mit ihrem gelebten christlichen Bekenntnis verbunden ist. Sie geht dafür sogar in den Tod.

Das Leben lässt sich nicht aufhalten.
So, wie die Zweige zum Weihnachtsfest aufblühen, so glauben wir auch, dass die heilige Barbara nicht im Tod geblieben ist. Christus hat sie auferweckt zum neuen, ewigen Leben. Er nimmt jeden an, der sich zu ihm bekennt. Er teilt sein österliches Leben mit allen, die ihr Leben ganz und gar in seinen Dienst stellen.

Das Leben lässt sich nicht aufhalten.
Es vertreibt sogar den Tod. Davon zeugen die Äste, die wir am Tag der heiligen Barbara schneiden. Davon zeugt die Feier der Eucharistie: Christus hat gelitten und ist gestorben, aber ist auferstanden von den Toten. Er lebt. Sein Leben ist stärker als die Finsternis des Todes. Sein Licht vertreibt alle unsere Dunkelheiten, auch jetzt, in diesen dunklen Tagen des Dezember. Blicken wir auf Christus, den auferstandenen Herrn: Er ist unser Leben, er schenkt uns ein Leben, das nichts und niemand jemals aufhalten könnte.

Fürbitten

Jesus Christus ruft uns in seine Nachfolge, damit wir das Leben in Ewigkeit erlangen. Im Vertrauen auf seine zuvorkommende Liebe, mit der er uns umfängt, beten wir:

- Für alle Familien, die sich in diesen Tagen auf das Weihnachtsfest vorbereiten.
- Für alle Menschen, deren Leben von Krieg und Hunger, Terror und Not betroffen ist.
- Für alle Menschen, die aufgrund ihres Glaubens verfolgt und geächtet werden.
- Für alle Menschen, die durch ihr Leben ein Licht für diese dunkle Welt sind.
- Für unsere Verstorbenen, die in der Dunkelheit des Todes auf dein österliches Licht hoffen.

Herr Jesus Christus, du bist uns allezeit nahe. Erhöre unsere Bitten und begleite uns auf unserem Lebensweg. Darum bitten wir dich heute und in alle Ewigkeit.

Meditation

Nicht Frieden, sondern den Krieg
bringt Jesus.
Ein eigenartiges Wort aus dem Mund
des sonst so liebenswürdigen Menschen.
Und doch hat er recht:
Wie viel Streit hat es schon in seinem Namen gegeben?
Wie viel Krieg wurde in seinem Namen geführt,
wie viele Menschen aufgrund seines Namens verfolgt?
Herr, trotzdem stehen wir vor dir und bitten:
Schenke uns den Frieden,
den die Welt nicht geben kann:
den Frieden in deinem Namen.

6. Dezember – Heiliger Nikolaus

Lesung: Jes 6,1–8; Evangelium: Lk 10,1–9

Zur Eröffnung: GL 275
(Selig, wem Christus auf dem Weg begegnet)

Einführung

Heute ist der Tag des heiligen Nikolaus! Was fällt Ihnen spontan ein, wenn Sie diesen Namen hören? Vielleicht gefüllte Stiefel oder Schoko-Nikoläuse. Vielleicht ein Nikolaus-Darsteller, der Menschen beschenkt. Vieles assoziieren wir mit dem Namen dieses großen Heiligen, um dessen Gedenktag sich ein reiches Brauchtum entwickelt hat. Aber bei all dem ist Nikolaus vor allem eines: ein Mensch wie du und ich, der Jesus in seinem Leben nachgefolgt ist. Das zeichnet das Leben des heiligen Nikolaus vor allem aus: dass er sich auf die Nachfolge Jesu eingelassen hat. Das Evangelium ist sein ganzer Lebensinhalt geworden. Und dieses Leben aus der Frohen Botschaft hat bei Nikolaus so schöne Züge angenommen, dass wir uns bis heute gern an ihn erinnern. Vielleicht ist das eine gute Motivation auch für unser Leben: das Evangelium so leben, dass sich Menschen gern an uns erinnern.

Kyrie-Rufe

Herr Jesus Christus, du berufst Menschen in deine Nachfolge.
Herr Christus, du sendest Menschen aus, dein Evangelium zu verkünden.
Herr Jesus Christus, du sagst uns die Botschaft vom nahegekommenen Gottesreich.

Vorschlag für eine Predigt

Die Freude ist ihnen ins Gesicht geschrieben, den Figuren, die am Fürstenportal des Bamberger Doms dargestellt sind. Im Tympanon des Portals hat der Künstler das Weltgericht gezeigt, wie es uns im 25. Kapitel des Matthäusevangeliums beschrieben ist. In der Mitte steht Christus, der Weltenherrscher, der auf dem Richterstuhl Platz genommen hat und über das Schicksal der Welt entscheidet. Rechts von ihm sind jene, die im Gericht keinen Bestand haben – sie werden vom Teufel in Ketten abgeführt. Und auf der linken Seite sind jene erlösten Menschen zu sehen, die teilhaben an der ewigen Freude. Mit einem breiten Grinsen sind sie dort zu sehen – und sie haben ja wirklich gut Lachen, denn sie dürfen eingehen in das Reich, das seit der Erschaffung der Welt für sie bestimmt ist (Mt 25,34).

Die Freude ist in dieser Adventszeit vor allem vielen Kindern ins Gesicht geschrieben: Sie freuen sich auf das Weihnachtsfest, auf die Geschenke und auf die schöne Stimmung. Von Freude sprechen auch viele unserer Lieder, die wir im Advent singen: »Freut euch, ihr Christen, freuet euch sehr, schon ist nahe der Herr«, heißt es da zum Beispiel. Auch der Festtag der heiligen Bischofs Nikolaus ist ein solcher Grund zur Freude. Wir dürfen uns freuen, wenn Menschen am Vorabend des 6. Dezember als Nikolaus verkleidet durch die Straßen und Häuser ziehen und uns beschenken. Nikolaus von Myra war einer, der für die Menschen da war, der wollte, dass es ihnen gut geht, der auf ihr Wohl bedacht war. Noch heute macht es Freude, an diesen großen Heiligen zu denken, weil er uns zeigt, wie wohltuend es ist, wenn Menschen gut sind. Solidarität mit den Ärmsten der Armen und Nächstenliebe haben sein Leben geprägt; davon erzählen viele Geschichten, die sich um sein Leben ranken. »Lasst uns froh und munter sein«, singen wir an seinem Fest. Und wir dürfen uns wirklich freuen, weil Nikolaus ein Zeuge dafür ist, wie man das Evangelium mit Leben erfüllen kann.

Doch längst nicht alle Kinder können sich auch auf den Nikolaustag freuen. Immer wieder wurde Nikolaus als verlängerter Erziehungsarm der Eltern missbraucht. Da gibt es den Nikolaus, der mit der Rute kommt, oder den, der aus seinem »goldenen Buch« die Vergehen der Kinder vorliest und sie tadelt. Freilich: Mit unserem heiligen Bischof Nikolaus hat das nichts mehr zu tun. Nikolaus ist doch keiner, der uns Angst macht oder uns Furcht einjagen will. Er ist ein Verkünder des Evangeliums, das in seinem Leben ganz konkret wird. Und das Evangelium ist eine Frohe Botschaft, eine gute Nachricht und keine Drohbotschaft, mit der man die Menschen in Angst und Schrecken versetzt.

Als Bischof war Nikolaus vor allem zur Verkündigung dieses Evangeliums bestellt. An ihm hat er sein Leben ausgerichtet; den Armen und Schwachen hat er geholfen, weil er in ihnen Christus wahrgenommen hat. Deswegen hat er den Menschen damals in Myra immer neu Freude gemacht: Weil er jedem Menschen die Würde gegeben hat, die ihm von Geburt an zusteht. Seine Güte und Barmherzigkeit waren größer als all das, was wir uns gegenseitig immer wieder anrechnen und ankreiden. Nikolaus hat nicht getadelt oder kritisiert, sondern die Menschen spüren lassen, dass Gott sie liebt – auch dann, wenn sie voreinander schuldig geworden sind.

Die Freude darf uns ins Gesicht geschrieben stehen am Festtag des heiligen Nikolaus und an allen Tagen unseres Lebens. Denn als Christen sind wir erlöste Menschen, die teilhaben dürfen an der Freude des Evangeliums, das Christus uns verkündet hat. Lassen wir uns anstecken von der Freude, die der heilige Nikolaus bis heute in unsere Welt bringt, und tragen wir sie weiter. Sein Leben ist ein Beispiel dafür, wie man auch mit kleinen Gesten den Mitmenschen etwas Gutes tun kann. Haben wir den Mut, diese Freude zu leben und sie für die anderen spürbar werden zu lassen. Keiner soll sich vor dem heiligen Nikolaus fürchten – und schon gar nicht vor uns! Diener der Freude sollen wir sein, mahnt der heilige Paulus an. Man darf uns diese Freude ruhig ansehen. Denn dass Gott für uns Mensch geworden und in unsere Welt gekommen ist, das ist doch wirklich ein Grund, um froh zu sein.

Fürbitten

Der heilige Nikolaus hatte ein Herz für die Armen und Kranken, für die Schwachen und Verfolgten. Im Gebet bringen wir die Menschen, die Not leiden, vor Gott:

- Wir bitten für alle Menschen, die sich nach Orientierung und Perspektive sehnen.
- Wir bitten für alle Menschen, die sich selbstlos für andere einsetzen.
- Wir bitten für alle Menschen, die anderen im Verborgenen eine Freude bereiten.
- Wir bitten für alle Menschen, die in ihrem Alltag das Evangelium mit Leben erfüllen.
- Wir bitten für alle Menschen, die schon gestorben sind in der Hoffnung, auf ewig mit dir vereint zu sein.

Gott, du allein bist groß und heilig. Du liebst uns Menschen und bist uns immer nahe. Dafür danken wir dir heute und an allen Tagen unseres Lebens bis in Ewigkeit.

Meditation

Berufen
von Christus
ihm nachzufolgen
auf dem Weg
der heißt
Leben und Liebe
Güte und Barmherzigkeit
Sorge und Mitleid
Demut und Größe
Glück und Zufriedenheit

7. Dezember – Heiliger Ambrosius

Lesung: Eph 3,8–12; Evangelium: Joh 10,11–16

Zur Eröffnung: GL 227, 1–3.5
(Komm, du Heiland aller Welt)

Einführung

»Komm, du Heiland aller Welt«, so haben wir eben im Lied gesungen. Es ist der Ruf, der in dieser Adventszeit immer wieder durch unsere Welt schallt: Komm doch! Komm doch, Gott, bleib unserem Leben nicht fern! Komm und befreie unsere Welt von allem Bösen! Der Text des Liedes stammt aus der Feder des heiligen Bischofs Ambrosius von Mailand, dessen Gedenktag wir heute feiern. Ambrosius wurde vermutlich im Jahr 339 in Trier geboren und 374 zum Bischof von Mailand gewählt. In diesem Amt hat er sich großes Ansehen erworben, weil er nicht nur theologisch hochgebildet war, sondern auch als Hirte für die ihm anvertraute Herde sorgte. Ambrosius ist am 4. April 397 gestorben; der 7. Dezember, an dem wir bis heute an ihn denken, ist der Tag seiner Bischofsweihe. Zusammen dem heiligen Ambrosius stimmen wir in diesen adventlichen Tagen in seinen Ruf ein: »Komm, du Heiland aller Welt!«

Kyrie-Rufe

Herr Jesus Christus, du bist der gute Hirt,
der sein Leben für die Schafe gibt.
Du kennst die Menschen, die sich zu dir bekennen
und sich dir anvertrauen.
Du gibst dein Leben für deine Herde,
damit sie zum Leben in Fülle findet.

Impuls für eine kurze Predigt

Bei jeder Bischofsweihe gibt es ein kleines, augenfälliges Ritual: Bevor der Bischof das Weihegebet spricht, breitet er über dem Kopf des Weihekandidaten das Evangeliar aus. Es wird von zwei Diakonen gehalten; von außen betrachtet sieht es so aus, als sei das Evangelium wie ein Dach über dem Kopf des neuen Bischofs ausgebreitet.

Jeder Bischof steht unter dem Evangelium. Die Bischofsweihe bringt das sehr deutlich zum Ausdruck. Dabei zeigt sich: Der Bischof ist kein Kirchenbeamter, er ist keiner, der irgendein politisches Amt bekleidet. Bischof zu sein, das heißt Verkünder des Evangeliums zu sein. Und es bedeutet: dem Evangelium durch das eigene Leben Ausdruck in dieser Welt zu verleihen. Jeder Bischof ist herausgefordert, in seiner Zeit und in der Gesellschaft, in der er lebt, ein lebendiger Zeuge des auferstandenen Christus zu werden.

Was für den Bischof gilt, ist auch für das Leben eines jeden einzelnen Christen wichtig. Ein Leben unter dem Evangelium ist nicht nur dem hauptamtlichen Personal in der Kirche vorbehalten. Vielmehr ist jeder und jede einzelne Getaufte aufgerufen, im eigenen Leben an der Frohbotschaft Maß zu nehmen. Wir alle sind berufen, Zeugen des Evangeliums zu sein. Menschen wie der heilige Ambrosius sind uns leuchtende Beispiele auf unserem eigenen Lebensweg. Von ihnen können wir etwas darüber lernen, wie man die Botschaft Jesu nicht nur hört, sondern wie man sie durch das eigene Leben verkünden kann. Denn nichts ist glaubwürdiger und überzeugender als ein Glaube, der gelebt wird. Wir können noch so viele Worte aufwenden, noch so oft von Jesus und seiner Lebenspraxis erzählen – wenn wir sie nicht auch selbst für unser eigenes Leben übernehmen, bleiben es bloße Lippenbekenntnisse, die niemanden vom Hocker reißen.

Fürbitten

Unser Herr Jesus Christus hat die Menschen ganz und heil gemacht. Auch wir sehnen uns danach, dass unser zerbrochenes Leben wieder ganz wird. In dieser dunklen Zeit sehnen wir uns nach seinem Licht. Zu Christus, der unser Leben erleuchtet und alle Finsternis vertreibt, rufen wir im Gebet:

- Für alle Menschen, die schweres Leid tragen müssen.
- Für alle, die mutlos und enttäuscht sind und denen die Nacht des Lebens zur Last wird.
- Für alle, die aufgrund der bedrückenden Dunkelheit nicht mehr an das Licht glauben.
- Für alle in unserer Gemeinde, die Hilfe brauchen.
- Für alle unsere Verstorbenen.

Herr Jesus Christus, du sorgst dich auch um unser Leben. Wir loben und preisen dich, denn du erleuchtest alle, die in Finsternis sitzen und im Schatten des Todes.

Meditation

In einem seiner Hymnen schreibt der heilige Ambrosius:
»Merk auf, der du Israel regierst,
der du über den Kerubim sitzt,
erscheine vor Ephraim, richte auf
deine Macht und komm!«
Mit Ambrosius rufen auch wir
in diesen adventlichen Tagen:
Komm, o Herr, säume nicht länger!

8. Dezember – Hochfest der ohne Erbsünde empfangenen Jungfrau und Gottesmutter Maria

Lesung: Gen 3,9–15.20; Eph 1,3–6.11–12;
Evangelium: Lk 1,26–38

Zur Eröffnung: GL 526 (Alle Tage sing und sage)

Einführung

Der Inhalt des heutigen Marienfestes ist nicht auf Anhieb verständlich und wird auch oft missverstanden. Als »unbefleckte Empfängnis« bezeichnet man das Fest im Volksmund auch. Und manche meinen, damit wäre gemeint, dass Maria als Jungfrau ein Kind empfangen hat. Doch weit gefehlt! Denn das heutige Fest hat nicht mit dem Besuch des Engels bei Maria zu tun, sondern mit der Geburt Mariens selbst. Mit sehr einfachen Worten kann man das Fest der unbefleckten Empfängnis zugänglicher machen: Wir feiern heute, dass Maria vom ersten Augenblick ihres Daseins an dafür auserwählt war, die Mutter des Gottessohnes zu werden. Gott hatte schon immer ein Auge auf Maria geworfen. Vom Augenblick ihrer Empfängnis im Schoß ihrer Mutter Anna war sie dafür bereitet, Christus, den Herrn, unter ihrem Herzen zu tragen. Maria war ganz und gar von Gottes Gegenwart umfangen – das feiern wir heute, an diesem Hochfest.

Kyrie-Rufe

Herr Jesus Christus, du Sohn Gottes und Sohn der Jungfrau Maria.
Herr Christus, du wolltest unter den Menschen Wohnung nehmen.
Herr Jesus Christus, du bist der Sohn des Höchsten, der für uns Mensch geworden ist.

Gloria

Impuls für eine kurze Predigt

Was willst du einmal werden, wenn du groß bist? Diese Frage bekommen Kinder manchmal gestellt. Und die Antworten, die darauf gegeben werden, sind recht unterschiedlich: Feuerwehrmann oder Polizist sind vielleicht die Klassiker. Aber dann folgen gleich andere Berufswünsche wie Müllmann, Pilot oder berühmt. Als Kind hat man eben noch eine andere Vorstellung vom Leben. Und ob solche Berufswünsche aus dem Kindesalter letztlich wirklich Bestand haben, das zeigt sich ja erst, wenn man älter wird. Man muss im Kindesalter noch nicht wissen, was man einmal werden möchte. Das hat noch viele Jahre Zeit, und viele entscheiden sich auch erst kurz vor dem Schulabschluss für einen bestimmten Beruf.

Ganz anders ist das bei Maria: Ob sie schon im Kindesalter wusste, was aus ihr einmal werden wird, das ist ungewiss. Aber Gott hat es gewusst. Denn er hat sie schon vom ersten Augenblick ihres Daseins auserwählt, die Mutter seines Sohnes zu werden. Schon immer ist Maria die Begnadete, die unter dem besonderen Segen Gottes steht. Schon immer kommt Maria eine besondere Rolle im Heilsgeschehen zu. Das feiern wir heute an diesem Fest. Dass Maria den Sohn Gottes empfangen durfte, hatte nichts mit ihrer eigenen Lebensleistung zu tun. Nicht weil Maria irgendwie herausragende Referenzen vorzuweisen hatte, wurde sie Mutter Jesu. Nein, es war ganz und gar Gottes Initiative. Er hat sie auserwählt, er hat ihr seine Gnade geschenkt. Und zwar schon zu einem Zeitpunkt, an dem Maria selbst noch nichts leisten konnte, an dem sie ganz und gar Empfangende war, weil sie selbst im Schoß ihrer Mutter empfangen wurde.

So sagt dieses Fest Mariä Empfängnis nicht nur etwas über Maria aus. Wir dürfen vielmehr alle etwas über uns lernen: Noch bevor wir selbst etwas tun oder leisten könnten, kommt Gott uns mit seiner Gnade zuvor. Er ist schon da, ehe wir überhaupt an ihn denken könnten. Er hat uns schon auserwählt, noch bevor wir ihn wählen könnten. Gott ist schon da, er ist allem unserem Denken und Tun voraus. Das ist eine zutiefst heilsame Einsicht: Denn egal, was auch immer wir tun, wir dürfen darauf vertrauen und daran glauben, dass Gott es gut macht. Dass wir uns in ihm bewegen, in ihm leben, in ihm atmen. Gott ist schon da, er trägt unser ganzes Leben. Es macht unser Leben leichter, zu wissen, dass unser Leben in seiner Hand liegt. Was Maria erfahren durfte, das hat für uns alle, die wir auf den Namen des dreifaltigen Gottes getauft sind, Geltung: Gott hat uns erwählt. Und wir dürfen daraus unser Leben gestalten – in der Gewissheit, dass seine Gnade und Barmherzigkeit immer größer sind als unser menschliches Tun und Denken.

Fürbitten

Mit Maria hat unsere Erlösung ihren Anfang genommen. Am Fest ihrer unbefleckten Empfängnis stehen wir vor dem Angesicht des lebendigen Gottes, der sich unser erbarmt. Auf seine Güte vertrauen wir, zu ihm rufen wir in unseren Anliegen:

- Wir beten für alle, die Gott abgeschrieben haben und die in ihrem Leben nichts mehr mit ihm anfangen können.
- Wir beten für alle, die sich auf der Flucht vor unmenschlichen Verhältnissen befinden.
- Wir beten für alle, die in ihrem Leben schwere Sorgen zu tragen haben und die von Leid und Kummer gequält werden.
- Wir beten für alle, die Ja gesagt haben zu Gottes Ruf und die ihr ganzes Leben in seinen Dienst gestellt haben.
- Wir beten für alle Verstorbenen, an deren Gräbern wir trauern und an die wir im Gebet denken.

Denn auf dich, lebendiger Gott, bauen wir. Lass uns deine Nähe erfahren heute und an allen Tagen unseres Lebens bis in Ewigkeit.

Meditation

»Von Herzen will ich mich freuen über den Herrn«,
heißt es im heutigen Eröffnungsvers.
Maria ist die Auserwählte,
die Gott auserkoren hat,
Mutter seines Sohnes zu werden.
Der heilige Augustinus schreibt über die Gottesmutter:
»An ihr wurde der Fluch Evas getilgt.
Eva hat Tränen,
Maria Freude im Schoß getragen.
Urheberin der Sünde war Eva,
Urheberin der Verdienste Maria.
Jene hat verwundet,
diese hat geheilt.«

14. Dezember – Heiliger Johannes vom Kreuz

Lesung: 1 Kor 2,1–10a; Evangelium: Lk 14,25–33

Zur Eröffnung: GL 270 (Kreuz, auf das ich schaue)

Einführung

»Willst du dahin kommen, alles zu besitzen, suche nichts zu besitzen«: Diese Worte stammen vom Heiligen des heutigen Tages, Johannes vom Kreuz. Er wurde 1542 in Spanien geboren. Als er die heilige Teresa von Ávila kennenlernte, schloss er sich ihrer Bewegung der unbeschuhten Karmeliten an. Johannes widmete sich der Betrachtung und dem Gebet; mehrere geistliche Schriften stammen aus seiner Feder. Schließlich ist Johannes am 14. Dezember 1591 gestorben; 1726 wurde er von Papst Benedikt XIII. heiliggesprochen. Es war Johannes ein Herzensanliegen, sich von allen irdischen Dingen loszusagen, um ganz frei zu werden für die Gegenwart des lebendigen Gottes. Nur wer sein Leben geringachtet, kann ein Jünger Christi sein, kann sich für das Große öffnen, das Gott denen bereitet hat, die ihn lieben.

Kyrie-Rufe

Herr Jesus Christus,
du berufst Menschen, dir nachzufolgen.
Du preist die Menschen selig, die vor Gott arm sind.
Du sendest Menschen aus,
die Botschaft deines Kreuzes zu verkünden.

Impuls für eine kurze Predigt

Wer sich auf eine neue Stelle bewirbt und dafür seine Bewerbungsunterlagen einreicht, muss schon ganz schön dick auftragen. In vielen solcher Verfahren gehört es zum guten Ton, dass man durchaus etwas übertreibt. Man möchte sich ja schließlich im allerbesten Licht präsentieren und hervorheben, was man kann. Eine begehrte Stelle erhält man schließlich nur dann, wenn man andere von sich und seinen Qualifikationen überzeugen kann.

Bewerbungen um einen Platz in der Nachfolge Jesu sehen anders aus: »Wer nicht sein Kreuz trägt und mir nachfolgt, kann nicht mein Jünger sein.« Hier geht es nicht um Leistungen, die man sich einmal erworben hat. Jesus überzeugt man nicht mit einer prall gefüllten Bewerbungsmappe, in der alle Zeugnisse fein säuberlich gesammelt sind. Jesus beruft Menschen, die seinen Lebensstil teilen, die seine Lebenspraxis zu ihrer machen. Das Zentrum, um welches das ganze Leben Jesu kreist, ist das Geheimnis des Kreuzes. Und mit ihm das zentrale Lebensmotto Jesu: Wer wirklich erhöht werden will, muss sich erniedrigen.

Jesus selbst hat uns mit seinem Leben vorgelebt, wie das geht: Als Auferstandener ist er zur Rechten des Vaters im Himmel erhöht. Aber zuvor ist er den Weg der Erniedrigung gegangen, den Weg der radikalen Selbstaufgabe für die anderen. Das aber ist kein Verlust, der Kreuzestod ist kein Scheitern. Es ist der deutlichste Ausdruck des Selbstverständnisses Jesu: Nur wer den Weg bis zum Kreuz geduldig geht, kann Eingang finden in die himmlische Herrlichkeit des Vaters. Das gilt nicht nur für Jesus, sondern für alle Menschen, die ihm nachfolgen wollen auf dem Weg der Liebe und des Lebens.

Der Heilige des heutigen Tages hat uns das vorgelebt: Johannes hat sein Leben ganz und gar am Geheimnis des Kreuzes ausgerichtet. Sein Leben war durchzogen von einer Selbstaufgabe um Christi willen. In seinem Leben hat sich schon verwirklicht, was der Apostel Paulus der Gemeinde in Galata schreibt: »Ich will mich allein des Kreuzes unseres Herrn Jesus Christus rühmen, durch das die Welt mir gekreuzigt ist und ich der Welt.« Dieser Vers steht über dem heutigen Gottesdienst. Er steht über dem Leben des heiligen Johannes vom Kreuz. Und er ist über unser aller Leben ausgerufen, die wir auf den Namen des dreifaltigen Gottes getauft sind.

Fürbitten

Jesus Christus hat die Arme am Holz des Kreuzes ausgebreitet, um von der Erde erhöht alle an sich zu ziehen. Zum ihm, dem gekreuzigten Herrn, der uns erlöst hat, rufen wir:

- Wir beten für alle Menschen auf dieser Erde, die in Armut und am Rande des Existenzminimums leben.
- Wir beten für alle, die körperlich oder geistig behindert sind, und für alle, die in Pflegeeinrichtungen tätig sind.
- Wir beten für alle, die sich in Feuerwehr und Rettungsdienst ehren- oder hauptamtlich engagieren.
- Wir beten für alle, die sich selbst nicht so wichtig nehmen und die Botschaft des Evangeliums durch ihr Leben unermüdlich verkünden.
- Wir beten für unsere Verstorbenen und bitten, dass sie das Ziel ihres Lebens in der Gemeinschaft mit dir und allen Heiligen erlangen.

So bitten wir dich, Herr Jesus Christus, auf die Fürsprache des heiligen Johannes vom Kreuz.

Meditation

Kreuze hängen in unseren Kirchen und Wohnungen.
Sie lenken unseren Blick auf Christus,
der am Kreuz starb und uns erlöst hat.
In seinem Testament schreibt der heilige Franziskus,
beim Betreten einer Kirche solle man
mit diesen Worten beten:
»Wir beten dich an, Herr Jesus Christus,
hier und in allen deinen Kirchen,
die in der ganzen Welt sind,
und wir preisen dich,
weil du durch dein heiliges Kreuz
die Welt erlöst hast. Amen.«

Bußgottesdienst in der Adventszeit

Thema: Vertrau dem Herrn deinen Weg an

Vorbereitung: Vor dem Gottesdienst wird eine Abbildung der Flucht nach Ägypten fotokopiert und auf den Plätzen verteilt. Quelle für die Abbildung (The Yorck Project, gemeinfrei): https://upload.wikimedia.org/wikipedia/commons/6/66/Fra_Angelico_005.jpg?uselang=de

Zur Eröffnung: GL 565,1–2
(Komm, Herr Jesus, komm zur Erde)

Im Namen des Vaters und des Sohnes und des Heiligen Geistes. Amen.
Gepriesen sei Jesus Christus, dessen Kommen wir in diesen Tagen erwarten.

Ein buntes Treiben ist in diesen Tagen und Wochen in vielen Städten zu beobachten. Vieles muss für das Weihnachtsfest noch besorgt und eingekauft werden. Und auch ein Gang über den Weihnachtsmarkt ist für viele Menschen in dieser Zeit obligatorisch. – Aber was brauchen wir wirklich in der Adventszeit? Wohin müssen wir gehen, um das zu finden, was wir zum Leben brauchen? Wir nennen den Advent auch die »stille Zeit«. Es sind besinnliche Tage, die uns einladen, darüber nachzudenken, welche Wege wir einschlagen möchten, wo wir uns in Sackgassen verlaufen haben, wo wir in so mancher Einbahnstraße angekommen sind. Nehmen wir uns in diesem Gottesdienst Zeit, um uns und unser Leben neu in den Blick zu bekommen.

Kyrie-Rufe

Herr Jesus Christus,
du bist der Weg, die Wahrheit und das Leben.
Du kommst zu uns,
damit wir durch dich zum Vater finden.
Du schenkst uns deine Gegenwart,
damit unser Leben durch dich heil wird.

Gebet

Lasset uns beten. – Großer und heiliger Gott, in diesen Tagen erwarten wir voll Zuversicht und Hoffnung das Kommen deines Sohnes. Er ist in diese Welt gekommen, damit wir durch ihn zu dir finden. Er ist der Weg, der uns zu dir führt. Wir bitten dich: Sieh auf unsere Sehnsucht, neue Wege zu gehen, wo wir nicht mehr weiterwissen. Sieh auf unser Versagen, wo wir die falsche Richtung eingeschlagen haben und keinen Ausweg sehen. Sei uns nahe mit deiner Liebe und schenke uns immer neu dein Erbarmen. Darum bitten wir durch Jesus Christus, deinen Sohn, unseren Herrn und Gott, der in der Einheit des Heiligen Geistes mit dir lebt und herrscht in alle Ewigkeit. Amen.

Lesung (Gen 12,1–9)

Gesang

Evangelium (Mt 2,13–15)

Vorschlag für eine Predigt

Manche Wege können ganz schön kurz sein. Das mussten wir in der Zeit der Corona-Pandemie immer neu erfahren. In vielen Ländern war die Einreise untersagt, so mancher Urlaub ist deswegen ins Wasser gefallen. Und der Ferienflieger, der sonst gen Süden startet, ist leer geblieben. Auch die Wege zueinander waren oft kurz: Kontaktbeschränkungen haben es unmöglich gemacht, selbst die engsten Verwandten oder die Nachbarn einmal aufzusuchen. Oft endeten die eigenen Wege schon an der Haustür. Und Glück haben wohl jene gehabt, die zumindest im eigenen Garten ein bisschen spazieren gehen konnten.

Manche Wege können ganz schön kurz sein. Maria und Josef hätten sich sicher gefreut, wenn es so gewesen wäre. Aber allein die Wegstrecke von Nazaret nach Betlehem beträgt weit über 150 Kilometer. Ein Katzensprung war das nicht. Eher eine sehr anstrengende und kräftezehrende Prozedur, die Josef mit seiner schwangeren Verlobten auf sich nehmen musste. Aber damit war man ja noch lange nicht am Ende der Reise angekommen: Im Matthäusevangelium haben wir von der Flucht nach Ägypten gehört. Wieder eine Reise, wieder eine Wegstrecke, die es zu bewältigen galt. Wieder neue Abenteuer, wieder neue Anstrengungen. All das war mit Sicherheit kein Zuckerschlecken. Die beiden konnten sich ja nicht einfach in den nächsten Bus setzen. Alle Strecken mussten noch zu Fuß oder bestenfalls mit einem Esel als Reittier bewältigt werden. Vielleicht wären Maria und Josef über eine Kontaktbeschränkung froh gewesen. Dann hätten sie nicht für eine Steuerschätzung nach Betlehem gemusst, dann hätten sie das Kind zuhause in Nazaret zur Welt bringen können.

Auf dem Bild (das Ihnen ausgeteilt worden ist / das Sie in Händen halten) ist diese Szene dargestellt. Sie stammt vom italienischen Maler Fra Angelico und ist wohl um das Jahr 1450 entstanden.

Verweilen wir einen Augenblick bei der Darstellung! Das Bild strahlt eine ungewöhnliche Ruhe aus. Maria sitzt aufrecht auf dem Esel, sie scheint nicht gehetzt zu sein. Man hat eher den Eindruck, als würde sie auf einem Thron sitzen. Das kleine Kind schmiegt sie an sich. Josef folgt Maria und dem Kind. Er trägt, was für den Alltag nötig ist. Während Maria thront, schleppt Josef. Gegensätzlicher könnte man die beiden kaum darstellen.

Warum ziehen Maria und Josef und das Kind nach Ägypten? Die Antwort ist ganz einfach: Weil Gott es durch seinen Engel befohlen hat. Maria und Josef vertrauen auf das, was Gott ihnen sagt. Sie haben ihr ganzes Leben in seine Hand gelegt. Deswegen ist auch klar, dass sie die Wege gehen, die er ihnen aufträgt. Mit anderen Worten: Wer ein Leben mit Gott wagt, muss auch den Mut haben, die Wege zu beschreiten, die er für unser Leben vorgesehen hat. Das ist auch Abraham nicht anders ergangen. Seine Heimat soll er verlassen, wegziehen, weil Gott es so will. Und sowohl Abraham als auch Maria und Josef tun dasselbe: Sie zweifeln nicht, sie fragen nicht nach, sie tun, was Gott von ihnen verlangt – im festen Vertrauen darauf, dass es gut wird.

»Befiehl dem HERRN deinen Weg, vertrau ihm – er wird es fügen«, heißt es im Psalm 37. Wir sollen auf Gott vertrauen, der Wege für unser Leben vorgesehen hat. Anders gesagt: Wir dürfen uns ein Vorbild nehmen an Abraham, an Maria, an Josef, die sich ganz in Gottes fürsorgende Nähe haben fallen lassen. Sie sind losgezogen auf fremden Wegen, sie haben sich in unbekanntes Land vorgewagt. Nicht vorsichtig, ängstlich oder zaghaft, sondern voller Mut und Vertrauen. Ihr Leben ist getragen von einer tiefen Hoffnung: Wenn Gott Menschen auf einen Weg schickt, dann sorgt er auch dafür, dass sie an ihrem Ziel ankommen! Wenn Gott uns in dieses Leben stellt, dann trägt er auch seinen Teil dazu bei, dass dieses unser Leben ein gelingendes wird.

Gottes Weg zu uns ist bereitet, seine Ankunft in dieser Welt erwarten wir in diesen adventlichen Tagen. Doch diese heilige Zeit lädt uns auch ein, neu darüber nachzudenken, wie es um unsere Wege aussieht, die zu Gott und zu unseren Mitmenschen führen. So zweifeln wir, ob wir wirklich die richtigen Lebenswege eingeschlagen haben. Und so oft kommt es zu Momenten, in denen wir uns wie in einer Sackgasse fühlen, in der es kein Weiterkommen mehr gibt.

Neue Wege wagen: Das dürfen wir in dieser Adventszeit ganz besonders. Weil Gott auf anderen Wegen zu uns kommt, als wir Menschen es erwarten. Weil er nicht im Jerusalemer Königspalast zur Welt kommt, sondern in einer einfachen Krippe im Stall von Betlehem. Weil er uns dort begegnen will, wo wir nicht mit seiner Gegenwart gerechnet hätten. Gottes Wege sind nicht unsere Wege – aber alle unsere Wege sind getragen von seiner Güte. Darauf dürfen wir vertrauen, so wie Abraham, so wie Maria und Josef bei der Flucht nach Ägypten.

Buße und Versöhnung

Vor uns haben wir das Bild liegen, das uns die Flucht nach Ägypten zeigt. Auf das Wort Gottes hin sind Maria und Josef aufgebrochen in eine ungewisse Zukunft. Sie haben einen neuen Weg auf sich genommen im Glauben daran, dass Gott ihre Lebenswege trägt und begleitet.

Wir wollen uns jetzt ein paar Minuten Zeit nehmen, um über unsere eigenen Lebenswege nachzudenken. Dazu werden einige Fragen und Gedanken vorgelesen, die eine Anregung sind, das eigene Leben zu reflektieren. Zwischen den Impulsen gibt es eine kurze Zeit der Stille, in der wir in uns hineinhören wollen.

Unsere Wege zu den Mitmenschen:
- Sorge ich mich um die Menschen, die in meiner Nähe wohnen?
- Interessiere ich mich für das Schicksal meiner Familie und meiner Freunde?
- Wie oft gehe ich einen Weg, der mich zu den anderen führt?
- Oder ist mir der Weg zum Nächsten oft zu mühsam und anstrengend?
- Bin ich bereit, einen Weg auf mich zu nehmen, um anderen begegnen zu können?
- Besuche ich andere nur, wenn ich eingeladen werde, oder nehme ich auch sonst Kontakt mit ihnen auf?

Längere Stille, dazu eventuell meditative Musik

Unsere Wege zu uns selbst:
- Bin ich zufrieden mit meinem eigenen Lebensweg?
- Bereue ich Entscheidungen, die ich in der letzten Zeit getroffen habe?
- Habe ich den Mut, neue Wege zu gehen, wenn nötig?

- Oder klammere ich mich an ausgetretene Pfade, weil sie bequemer und einfacher zu gehen sind?
- Welche Weggabelungen sehe ich vor mir liegen?
- Wo habe ich mich zuletzt in einer Sackgasse befunden?

Längere Stille, dazu eventuell meditative Musik

Unser Weg zu Gott:
- Welche Rolle spielt Gott in meinem Leben?
- Kann ich vertrauen, dass er meine Lebenswege begleitet?
- Oder habe ich den Eindruck, alles aus eigener Kraft stemmen zu müssen?
- Suche ich die Gegenwart Gottes in meinem Leben?
- Habe ich schon einmal seine Spur in meinem Alltag entdeckt?
- Bin ich ein guter Wegbereiter, um Gottes Nähe auch für andere Menschen spürbar werden zu lassen?

Längere Stille, dazu eventuell meditative Musik

Lied

Wir wollen, dass unsere Wege immer gerade und ohne Umweg verlaufen. Wir sehnen uns danach, dass unser Lebensweg gelingend ist und zum Ziel führt. Gott will, dass unser Leben gut wird. Er will in unsere Welt kommen, damit wir einen Weg haben, um zu ihm zu gelangen.

Doch oft verbauen wir selbst uns die Wege, die zu Gott und zu unseren Mitmenschen führen. Oft haben wir uns verrannt und haben nicht den Mut, umzukehren und neu zu beginnen.

Wir wollen jetzt miteinander und voreinander bekennen, dass wir schuldig geworden sind. Und wir wollen Gott bitten, dass er all das von uns nimmt, was uns von ihm und von unseren Nächsten trennt. Denn er ist der Gott des Erbarmens, der Barmherzigkeit und der Liebe. Seine Ankunft in dieser Welt erwarten wir in diesen adventlichen Tagen.

Ich lade Sie ein, miteinander das Schuldbekenntnis zu sprechen:
Ich bekenne Gott, dem Allmächtigen ...

Gott ist gut und voller Erbarmen. Er schenkt uns immer wieder einen Neuanfang, wo wir keinen Ausweg mehr sehen. Er erbarme sich unser. Er nehme von uns Sünde und Schuld, Versagen und Angst und führe uns auf dem Weg zum ewigen Leben. Amen.

Der Weg zu den Mitmenschen ist frei! Wir dürfen uns offen und voll gegenseitiger Wertschätzung einander zuwenden. Wir sind mit Gott versöhnt und wollen diese Versöhnung auch mit unserem Nächsten teilen. So wollen wir uns jetzt einander zuwenden und uns ein Wort der Versöhnung, der Hochachtung und des Friedens zusprechen.

Der Friede des Herrn sei allezeit mit euch.
A.: Und mit deinem Geiste.

Ein Weg, auf dem wir Menschen zu Gott finden können, ist das Gebet. Jesus hat seine Jünger gelehrt, wie sie beten sollen: »dein Reich komme«. Auf Gottes Kommen in diese Welt bereiten wir uns in diesen adventlichen Tagen vor. So wollen wir gemeinsam um sein Kommen beten und uns Gott zuwenden, wenn wir das Vaterunser miteinander sprechen: Vater unser ...

Wir sind nicht allein auf unseren Lebenswegen. Gott begleitet uns. Er schützt uns, er ist bei uns mit seinem Segen. Auf seine Gegenwart dürfen wir vertrauen, auch wenn die Wege manchmal ohne Ziel und ziemlich verschlungen erscheinen. Er ist da. Er geht mit, er trägt uns, wo wir keine Kraft zum Weitergehen mehr haben. Er umfängt uns mit seiner Liebe.

Am Ende dieser Versöhnungsfeier bitten wir Gott um seinen Segen:

Der HERR segne und behüte eure Wege.
Er lasse sein Angesicht über euch leuchten
und sei euch gnädig.
Der HERR wende euch sein Antlitz zu
und schenke euch seinen Frieden.

Gehet hin in Frieden.
A.: Dank sei Gott, dem Herrn.

Modell für einen Rorate-Gottesdienst

Thema: Dornen und Rosen

Zur Eröffnung: GL 224 (Maria durch ein Dornwald ging)

Einführung

Um Dornen und Rosen geht es in dem Lied, das wir eben gesungen haben. Der Liedtext geht auf eine uralte Legende zurück. Einst, so wird erzählt, sei die schwangere Maria durch einen Wald voller Dornengestrüpp gegangen, woraufhin an den dürren Ästen Rosen aufblühten. Die Botschaft, die dahintersteht, lautet: Was auch immer mit Jesus in Berührung kommt, kann blühen, wird schön und gut. Das zeigt das Lied vom Dornwald: Die Dornen verlieren ihren Schrecken. Und prächtige Rosen weisen auf die Schönheit der Schöpfung hin.

Am Beginn unseres Rorate-Gottesdienstes bitten wir: Herr Jesus, dein Kommen erwarten wir in diesen Tagen. Verwandle die Dornen in unserer Welt in Rosen, nimm alles von uns, was uns bedrückt und belastet und schenke uns dein Erbarmen.

Lesung (Jes 11,1–10)

Evangelium (Lk 1,26–38)

Impuls

Einen Dornenzweig in Händen zu halten,
ist gar nicht so einfach.
Man muss schon aufpassen,
dass man an den richtigen Stellen anpackt,
um sich nicht zu verletzen und zu stechen.
Mit so einem Dornenzweig
kann man sich ganz schön wehtun!
Der Dornenzweig ist auch ein Symbol für mein Leben:
Womit kann ich mir selbst wehtun?
Womit kann ich meine Mitmenschen verletzen?

Dornen begegnen wir in unserem Alltag immer wieder:
So vieles gibt es in unserer Welt,
an dem wir uns verletzen können.
Es sind nicht nur äußere Wunden,
die wir dann davontragen.
So oft reißen die Dornen auch tiefe seelische Wunden.
An vielem, was uns widerfährt,
haben wir oft lange zu kauen.
Vieles belastet und bedrückt uns.
Viele Dornen stechen uns –
nicht nur einmal, sondern immer und immer wieder.

Unsere Bibel berichtet an zwei Stellen von solchen Dornen:
Mose darf Gott im brennenden Dornbusch anschauen.
Dort, im stechenden Gestrüpp,
ist Gott dem Mose nahe.
Hier offenbart er sich,
hier teilt er Mose seinen Namen mit:
JHWH – ich bin da für dich.

In der Passionsgeschichte Jesu
hören wir ebenfalls von Dornen:
Die Soldaten wollen sich einen Spott mit Jesus machen.
Er behauptet, er sei der König der Juden.
Aber so ein König braucht doch auch eine Krone.
Also setzen sie ihm eine auf:
Aus Dornenzweigen binden sie ein Geflecht,
mit dem sie ihn zum König krönen.

Die Dornen verlieren in den biblischen Geschichten
ihren Schrecken.
Sie werden nicht verletzend geschildert,
sondern als Orte der Offenbarung Gottes.
Gott zeigt sich dem Mose im brennenden Dornbusch
und mit der Dornenkrone auf dem Haupt
zeigt sich, dass Jesus wirklich der König der Welt ist.
Aus Dornen können Rosen werden:
Weil Gott seine Nähe gerade dort zeigt,
wo wir sie am wenigsten vermuten.

Aus Dornen werden Rosen.
Und dort, wo wir ihn nicht vermuten,
zeigt Gott uns seine Gegenwart.
Wo Dornen mit Gott in Berührung kommen,
verwandeln sie sich in Rosen.
So wie im Lied von Maria,
die das Jesuskind durch den Dornwald trägt.

Fürbitten

Wo etwas mit Gott in Berührung kommt, dort wird es gut, dort können aus Dornen Rosen werden. So stehen wir jetzt vor dem Angesicht des lebendigen Gottes und halten ihm in unseren Fürbitten all das hin, was uns auf dem Herzen liegt. Wir wissen, dass Gott in seiner unendlichen Liebe alles zum Guten führt. In den Anliegen unserer Zeit rufen wir zu ihm:

- Für alle Menschen, die das Evangelium verkünden: um die Kraft des Heiligen Geistes.
- Für alle Menschen, die wegen ihres Glaubens verfolgt und bedrängt werden: um die Kraft, an deinem Gebot der Liebe festzuhalten.
- Für alle Menschen, die krank sind und leiden: um die Kraft, ihre Hoffnung auf dich zu setzen.
- Für unsere Gemeinde: um die Kraft, von deiner Liebe zu den Menschen Zeugnis zu geben.

Gott, unser Vater, alles steht in deiner Macht. Dir vertrauen wir an, was uns bewegt. Du hörst unsere Bitten und erhörst sie durch Christus im Heiligen Geist.

Meditation

Dornen und Rosen
als Zeichen für unser Leben:
Wenn aus den Stacheln,
die unser Leben oft erschweren
und belasten,
Rosen werden –
dann ist
Weihnachten
geworden
für uns
und
für unsere Welt.